Roberta Corradin

La Repubblica
del maiale

chiare**lettere**

Roberta Corradin è nata a Susa nel 1964. Si è diplomata al liceo d'Azeglio a Torino, ha iniziato tre tesi in lettere classiche e non ne ha finita mai nessuna, e nel 1989 ha cominciato a lavorare nei fumetti: «Lupo Alberto», «Cattivik», «Sturmtruppen», «Blue», e l'immancabile «Linus». Nel 1992 diventa lavoratrice anomala *ante litteram*, e da allora, per circa un lustro, scrive di pseudopsicologia da bar e da parrucchiere per svariate testate femminili. Nel 1995 esce il suo primo libro, *Ho fatto un pan pepato... ricette di cucina emotiva* (Zelig). I critici la ignorano, i gastronomi la chiamano a scrivere di cucina nelle loro riviste. In seguito pubblica *Un attimo, sono nuda*, una storia umoristica misogina (Piemme); *Le cuoche che volevo diventare* (Einaudi), *Tradizione Gusto Passione* (con Paola Rancati, Silvana Editoriale) e scrive di viaggi e di cucina per testate tra cui «l'Espresso», «Gambero Rosso», «D La Repubblica delle donne», e altre. Traduce narrativa e saggistica dal francese e dall'inglese.

Ha risolto un decennio di nomadismo occidentale tra New York, Parigi, Roma e la Sicilia sudorientale a favore di quest'ultima, dove insieme al marito porta avanti un progetto di fattoria permaculturale e gestisce un ristorante di mare a Donnalucata.

Sommario

LA REPUBBLICA DEL MAIALE

Per Antonio,
Cicero pro domo nostra

Questo libro

Questo non è esattamente il tipo di libro che ci si aspette-
rebbe da una food writer: può suonare strano che una che
per mestiere recensisce ristoranti in giro per il mondo decida
a un tratto di guardarsi indietro, per rileggere la storia della
Prima e della Seconda repubblica all'insegna delle ossessioni
culinarie di una nazione sempre più nota all'estero per la
deliziosamente perversa diade di alta cucina e bassa politica.

Se l'ho fatto, è perché ho una convinzione, basata su un
precedente storico. Nell'antica Roma, fino al I secolo a.C.,
i cuochi sono schiavi, come gli altri servitori di casa. Dal
I secolo d.C. in poi, i cuochi sono *celebrities*, e da schiavi
diventano liberti. Nella Roma imperiale trionfa la cucina
trompe-l'oeil, antenata remota ma diretta della gastronomia
molecolare che, come certi film molto intellettuali, conquista più i critici che il pubblico agli albori del III millennio.

Dopo la Roma imperiale, è venuta la barbarie.

Non so se dopo l'espressione anche gastronomica della
decadenza della nostra società verrà un'altra barbarie (a volte,
in vena di ottimismo, mi chiedo se il nuovo Medioevo non
sia già in corso, e se dietro l'angolo non sia già bell'e pronto
un nuovo Rinascimento).

Ho voluto raccontare la storia di questa decadenza dall'i-
nizio, cioè dalla fine della fame, che in Italia coincide con la

fine della guerra e con l'inizio della repubblica. Mi sembra sia venuto il momento di fare un *mea culpa*, di osservare il progressivo decadere del *mos maiorum* nelle maionesi idrogenate, la progressiva perdita di senso della collettività a favore del singolare piacere del culatello di Zibello, la *res publica* annientata in successive fiammate di flambé, straripamenti di mousse, invasioni di petti d'anatra con riduzioni di aceto balsamico, occupazioni di letti di rucola, valanghe pannose di tortellini al prosciutto, pozzanghere di pizza e Nutella®... Chi non ha mai avuto un'ossessione culinaria scagli il primo bigné (o *beignet*, se l'ossessione è di tipo grammatical-filologico).

Ci sono nella storia recente sfumature di gusto che rischiano di passare inosservate ai commentatori attenti alla vita politica del paese, valenze ideologiche che difficilmente chi si interessa di gastronomia coglie.

Spero di non suonare come un'oca giuliva che starnazza su e giù per le disgrazie della Repubblica,[1] certamente non era questa l'intenzione. Quello che volevo dire, piuttosto, è: ragazzi, riflettiamo. Siamo ancora in tempo.

---

[1] Così si esprimeva Giorgio Bocca al riguardo di Tiziana Maiolo, sul settimanale «l'Espresso».

Anni Cinquanta

L'Italia è una Repubblica fondata sul maiale: la Costituzione viene tenuta a battesimo dalla Comunità del porcellino, fondata da membri della Costituente. Il paese cerca di dimenticare la fame indossando il vestito buono: rinasce dalle ceneri la rivista «La cucina italiana» e Orio Vergani fonda l'Accademia Italiana della Cucina. Ma l'ossessione culinaria dei più, per il momento, è molto basic: mettere insieme il pranzo con la cena.

Una Repubblica fondata sul maiale

Sarà stata l'emozione e l'incredulità di trovarsi alle urne per le prime elezioni libere dal 1924, ma dopo il 18 giugno 1946, data in cui la Corte di cassazione sancisce l'esito delle votazioni, ci si mette un po' a realizzare che siamo diventati una repubblica.

I padri fondatori si accingono al lavoro per redigere la Costituzione. Le riunioni informali di alcuni membri della Costituente si svolgono in via della Chiesa Nuova, in un appartamento di proprietà di due sorelle, le signorine Portoghesi. Dato che la convivialità segna la cultura del Sud Europa dai tempi in cui Ulisse vagava per il Mediterraneo, le sorelle Portoghesi si improvvisano locandiere e cuoche e offrono quel che ci si può permettere nei tempi avari dell'immediato dopoguerra: le vitamine delle verdure, gli amidi delle patate bollite, proteine poche e povere, per lo più da uova e latte.

Un giorno, Vittorino Veronese, all'epoca direttore delle Acli, porta in dono un maialino ripieno. L'abrogazione della monarchia ha svuotato di senso i titoli nobiliari, ma la nobiltà delle proteine suine esercita il suo porco fascino, e il maialino di Veronese suscita unanimi consensi. L'insieme degli ospiti e frequentatori di casa Portoghesi, tra cui figurano svariati padri fondatori della Repubblica, si ribattezza

«Comunità del porcellino». «Porco!» è anche l'epiteto con cui l'ex partigiana nonché membro della Costituente Laura Bianchini, ospite fissa della casa di via della Chiesa Nuova, liquida sommariamente ogni interlocutore che non dia soddisfazione alle sue argomentazioni dialettiche.

Anche Amintore Fanfani, frequentatore assiduo di casa Portoghesi, si presenta con un regalo destinato a diventare il simbolo della comunità: un tagliere di legno a forma di porcello su cui ha disegnato la caricatura di tutti i membri, in primo piano l'ex partigiana Laura Bianchini che grida «Porco!».[1]

Negli anni a venire, qualcuno definirà l'Italia «la Repubblica delle banane», ma la Comunità del porcellino è la prova storica che siamo una repubblica gastronomicamente (e non solo) fondata sul maiale.

Il nome della «Comunità del porcellino» si innesta sulla fascinazione secolare del maiale nella cultura contadina, che all'inizio degli anni Cinquanta è ancora la cultura dominante. Ogni famiglia di contadini che si rispetti alleva almeno un maiale, a cui fa la festa entro l'inverno, perché il tempo del maiale è breve (in mancanza di celle frigorifere) e finisce il Martedì grasso. Dalla Val Badia alla Calabria, il rito dell'uccisione del maiale, con le grandi mangiate che vi sono connesse per finire tutto quanto prima che vada a male, è l'evento gastronomico dell'inverno. Almeno, prima che si verifichi l'incantesimo degli anni Cinquanta.

Molti italiani si addormentano il 31 dicembre 1949 in una masseria (parola che all'epoca non include il significato accessorio di b&b squisitamente restaurato con piscina,

---

[1] Entrambi gli episodi sono raccontati da Telemaco Portoghesi Tuzi e Grazia Tuzi nel libro *Quando si faceva la Costituzione. Storia e personaggi della Comunità del porcellino*, Il saggiatore, Milano 2010.

idromassaggio, aria condizionata e colazione con yogurt e müsli) e si svegliano il 31 dicembre 1959 in un bilocale malcostruito da caste emergenti di palazzinari nelle periferie di Torino o Milano. La differenza si vede dal mattino: sveglia alle 4 in masseria per mungere le mucche, sveglia alle 4 per andare in fabbrica nel Nord industriale. Ripercussioni alimentari sulla colazione: latte appena munto in masseria, latte di mucche ignote variamente scremato nella periferia metropolitana. In dieci anni, l'Italia si trasforma da rurale e feudale (al Sud) in industriale e consumista (al Nord). La sera ci si riunisce a vedere la televisione nel salotto dei leader d'opinione che l'hanno già acquistata, la padrona di casa fa la torta: per lo più, un ciambellone con uova, zucchero, farina, latte, lievito e scorza di limone – per renderlo friabile si ricorre al grasso che c'è a disposizione in casa, che sia burro, olio, o sugna, successivamente crocefissa sull'altare del salutismo. Il boom delle automobili ha per indotto la voglia di andare a provare ristoranti fuori porta – in Francia è così che nacque la Guida Michelin nel 1900,[2] per far consumare pneumatici alla gente facendo leva sulla golosità: *ça vaut le détour*, chiosa il recensore appagato, *vale il viaggio*. Diffusa sempre più capillarmente, la televisione[3] porta nelle case la pubblicità del cibo industriale e l'idea di una modernità che passa anche e soprattutto per l'affrancamento dall'agricoltura, ovvero dalle correlate fatiche e incertezze. Sarà sufficiente un altro decennio per demonizzare il latte appena munto, veicolo

---

[2] La prima edizione della Guida Michelin dei ristoranti italiani vede la luce nel 1956.

[3] Nel 1954 gli abbonati sono 90.000, oltre 600.000 nel '57, più di due milioni nel '60 (si veda Simona Colarizi, *Storia del Novecento italiano*, Bur, Milano 2000, p. 372 segg.).

di «terrore» batterico; ma per i «corsi e ricorsi», nel giro di un ulteriore trentennio il demonio sarà la pastorizzazione, e i gastronomi riabiliteranno il latte fresco e le sue intonse proprietà riverberate nei formaggi a latte crudo. La vita è fatta a scale, c'è chi scende e c'è chi sale... anche sugli scaffali di cucina e su quelli dei supermercati.

Alla fine degli anni Cinquanta, gli italiani non sono solo baciati dall'incantesimo dell'industrializzazione nell'imminenza del boom economico che sta per elettrizzarli. Sono anche provati da una serie di scandali di malgoverno a cui si sono dimostrati resistenti (faranno la fine delle mosche col Ddt: veleni sempre più forti per mosche sempre più inattaccabili). Tuttavia, data la nostra innata capacità di far finire sempre tutto a tarallucci e vino, il duplice primato degli anni Cinquanta non è politico ma gastronomico: l'apertura del primo supermercato italiano nel 1957 e l'inaugurazione del primo Autogrill sull'Autostrada del Sole, il 21 dicembre 1959.[4]

Sfogliando a ritroso gli annali di una Repubblica affondata negli scandali sessuali – a cominciare dal 1953 con l'omicidio di Wilma Montesi[5] – si constata che il lato suino

---

[4] Un modello facsimile di supermercato era stato allestito nel quartiere romano dell'Eur nel 1956 a scopo dimostrativo; il primo Autogrill italiano vanta un primato anche europeo: è il primo «a ponte», a cui si accede da entrambi i sensi di marcia. A metà degli anni Sessanta, 23 Autogrill unificheranno l'offerta gastronomica sulle autostrade italiane. Si veda Lorena Carrara, *Come mangiavamo, gli italiani e il cibo negli anni '50*, Academia Barilla 2006, pp. 81-82.

[5] Bella ragazza romana trovata morta sulla spiaggia di Ostia. Le indagini, depistate in un primo tempo, accertarono che era deceduta in seguito a un festino organizzato da rampolli della Roma bene (tra nobiltà e politica), durante il quale agli ospiti non venivano evidentemente serviti solo maritozzi con la panna. Il caso Montesi andrebbe studiato nei libri

della natura umana, dalla Prima alla Seconda repubblica, si celebra di decennio in decennio in un'iperbole crescente di maialate, di cui solo le più caste riguardano la tavola (la maggioranza è di tipo sessuo-politico, con uno schema che si ripete: in realtà non frega niente a nessuno se il tal politico ha l'amante o qualche vizietto, ma nel momento in cui occorre un ricambio, si trova una foto che ritrae, ad esempio, negli anni Cinquanta, il democristiano Mario Scelba che prende il gelato con l'amante in via Veneto, e si obietta sul gusto del gelato).

Possiamo dunque affermare a ragion storica veduta che la nostra è la Repubblica del maiale. Declinata in tutte le connotazioni possibili: metaforica e letterale, gastronomica e morale.

1952. Rinasce «La cucina italiana». Il dado è tratto (e fa brodo da tutte le parti)

Anna Gosetti della Salda è la grande signora dimenticata (perché autoesiliata) della cucina italiana. Nel 1952 la signorina Gosetti, che si è annessa il cognome materno in nome di un'*allure* simil-nobiliare, ottiene la licenza di editare la testata «La cucina italiana», fondata nel 1929 da Umberto Notari, le cui uscite si erano interrotte nel 1943. È il sacro fuoco della cucina a infiammarla? Non esattamente. Più che di arrosto, si tratta di brodo. La Gosetti, orfana, approda a Milano ancora ragazzina. Le piacciono i cavalli, fa la stalliera all'ippodromo, frequentato dalla bella società. È intraprendente, assistita da un'intelligenza

---

di storia per la sua esemplarità nella specialità tutta italiana di utilizzare il sesso come frullino per montare e smontare pasticciacci politici.

da stratega; fa conoscenze importanti e arriva a dirigere un'agenzia pubblicitaria. A un certo punto, occorre un'idea di marketing per promuovere i dadi per brodo prodotti da un amico. «Facciamo un giornale di cucina» propone lei. Detto, fatto. La rivista di cucina italiana famosa nel mondo, che a fine millennio vanterà un'edizione in lingua inglese, è nata così, per vendere i dadi.[6] In pratica, nel corso di cinquant'anni il brodo subisce un neoplatonismo inverso: si passa dal brodo come tradizione comanda al dado come industria prescrive, per poi tornare al brodo tradizionale, questa volta però accuratamente sgrassato. Sembra una lezione di filosofia al liceo: il brodo esce da sé, per tornare in sé più magro.

Le intuizioni di Anna Gosetti – che ha sempre tenuto a essere chiamata signorina, e non signora, per sottolineare l'eroismo implicito nell'affrontare da sola banche, mutui, debiti e industrie, in tempi in cui la *par condicio* riguardava tutt'al più le esercitazioni di grammatica latina al ginnasio – non finiscono qui. Verso la fine degli anni Cinquanta la signorina, che non sa guidare, intraprende un viaggio che in un paio d'anni la porta in automobile in tutta Italia. Scende in borghi, paesi, frazioni, città, e manda l'autista a informarsi dove abitano le famiglie locali più rinomate per la qualità della loro cucina. Bussa alla porta, si fa dare le ricette, le fa testare in redazione (per volontà della signorina Gosetti la redazione si dota, sin dall'inizio, di una cucina in cui sperimentare ogni ricetta prima della pubblicazione, prassi comune nei paesi anglosassoni ma unica in Italia) finché non

---

[6] La rivista era nata in realtà nel 1929, ma aveva interrotto le pubblicazioni durante la Seconda guerra mondiale; Anna Gosetti della Salda riferisce in un'intervista all'autore di avere ottenuto gratuitamente i diritti per rieditarla.

ne raccoglierà un numero sufficiente a pubblicare, nel 1967, *Le ricette regionali italiane*, opera ancora oggi consultata da chef professionisti desiderosi di misurarsi con la tradizione. La casa editrice Solares,[7] fondata dalla signorina Gosetti per non arricchire invano un editore con il long seller di cui è autrice, ha in catalogo un solo libro, il suo, giunto nel 2011 alla diciassettesima edizione: una forma particolarmente efficace di accantonamento pensionistico.

Ultranovantenne, in un'intervista rilasciata di malavoglia, dichiarava: «Ma a me di tutte queste cose qui non me ne importa niente, io son contenta con un piatto di riso bollito».

E poi c'è chi pensa che siamo un popolo di navigatori, santi, poeti e buongustai: eternamente sottovalutate le parche *business women* d'ogni tempo.

1953. Forchettoni

Da dove viene l'appellativo di *forchettoni* agli italiani? Dalla malapolitica. Nel 1953, contro la «legge-truffa»,[8] «l'Unità» attacca i «forchettoni», rei di «mangiare» il bene pubblico. «La forchetta è lo strumento di lavoro quotidiano dei gerarchi profittatori.» L'arte di sforchettare, il gesto che gli stranieri ci invidiano per la scioltezza tutta italiana dell'esecuzione – mentre loro finiscono immancabilmente con un niente

---

[7] Solares viene fondata da Anna Gosetti della Salda nel 1978, dopo la cessione della rivista «La cucina italiana» all'editrice Quadratum; fino al 1977 il volume *Le ricette regionali italiane* era uscito per i tipi della casa editrice La cucina italiana.

[8] Artificio leguleio destinato a ripetersi nel corso della Repubblica che consiste nel modificare la legge elettorale *ad hoc* per assicurarsi la vittoria: vedi nel 2006 la legge ribattezzata Porcellum dal suo promotore, il leghista Roberto Calderoli, e da lui candidamente definita «una porcata».

di fatto o con un'unica matassa aggrovigliata di centoventi grammi di spaghetti – ha un fondamento storico: siamo così bravi perché ci esercitiamo quotidianamente *sforchettando* la *res publica*. Un'estensione lessicale di *forchettoni* riguarda il verbo *mangiare*, utilizzato metaforicamente per indicare l'atto di trarre un utile personale sottraendo in vario modo denaro pubblico: «Il tale politico ha mangiato su quel ponte» implica non già che il politico in questione nutra una insolita passione per i picnic con vista sul fiume o sul cavalcavia, ma azzarda invece il sospetto che faccia la spesa lasciando da pagare il conto alla ditta appaltatrice.

1953. *Nasce l'Accademia Italiana della Cucina*

Milano, ristorante dell'Hotel Diana. È il 29 luglio e fa un po' caldo per gustare specialità lombarde come il risotto con l'ossobuco. Ciò nondimeno, Orio Vergani riunisce a cena una quindicina di amici, tra cui l'editore Arnoldo Mondadori, l'architetto Gio Ponti, l'industriale Giannino Citterio, il pubblicitario Dino Villani e altri intellettuali, artisti e imprenditori. Il Sud agricolo è distante, e nella capitale lombarda i nostri avvertono la minaccia che incombe sulla cucina italiana, destinata all'estinzione: se anche le donne vanno in fabbrica a lavorare, chi ci farà più i tortelli a mano? Non la mettono in questi termini, ma l'obiettivo dichiarato è preservare la tradizione nonostante le innovazioni. Incuriosisce il fatto che tra i soci fondatori non figuri nemmeno una donna – saranno stati maschilisti loro, o in epoca pre-femminista le intellettuali riluttavano a porsi come angeli eruditi del focolare? Fatto sta che, secondi per un pelo ad Anna Gosetti della Salda, che l'anno prima ha rifondato la rivista «La cucina italiana», anche se con motivazioni diverse, Vergani e i suoi sodali sono comunque tra i primi a intuire che la tradizione gastronomica italiana è un patrimonio culturale da salvaguardare. Va bene l'American way, ma quando si tratta di sedersi a tavola, la reazione è quella di Alberto Sordi in *Un americano a Roma*: non c'è partita contro il maccherone. La nascita dell'Accademia Italiana della Cucina è un segno di attenzione, per il momento un po' snob, ma già si proietta in un clima futuro da cui, negli anni Ottanta, nasceranno Arcigola Slow Food e Gambero Rosso.

Ricapitolando (dieci anni in una frase di cento battute, alla moda delle riviste di tendenza)

Appena usciti da un tunnel ne imbocchiamo subito un altro, ma gli Autogrill ci insegnano il cammino.

Le ossessioni culinarie negli anni Cinquanta

La mamma

Negli anni Cinquanta, l'ossessione culinaria per eccellenza è...
la mamma. È a lei che si rivolgono le pubblicità alimentari
(è lei che fa gli acquisti: va corteggiata e lusingata). Complici
le scenette di Carosello, dal 1954 la «cucina di mia madre»
diventa un *topos* del marito italiano, nonché la croce di una
generazione di nuore, che per non subire la competizione con
annessa l'onta della sconfitta accetteranno le lusinghe della
pubblicità optando di volta in volta per piselli in scatola,
minestre liofilizzate, vol-au-vent surgelati, maionesi intubate...
Nei decenni a venire, gli sketch di un paio di minuti
sdoganeranno la mamma come distributrice più o meno
automatica di merendine confezionate, sbandierando le virtù
del latte a giustificazione del risparmio sui costi del cacao;
negli anni Cinquanta, l'iconografia ufficiale insiste sul sorriso
con cui la signora, in gonna plissé, girocollo, grembiulino,
filo di perle e caschetto lisciato all'insù, prepara le pietanze
avvalendosi solo sporadicamente di preparati industriali quali
il lievito per dolci. Quella che gli psicologi premierebbero
con la denominazione Msb (Madre sufficientemente buona) non considera nemmeno lontanamente la disdicevole
eventualità di rifilare ai figli le merendine confezionate:

prepara con le sue sante manine tutto quel che passa per il tubo digerente della famiglia, dando un saggio di economia domestica, virtù muliebre e sano risparmio.[1]

In una nazione ancora impegnata a dimenticare la fame e la guerra, la questione del decennio, per la maggioranza della popolazione, più che gastronomica è alimentare: per il momento, l'italiano medio mira solo a mettere insieme il pranzo con la cena. L'imperativo morale della dispensa è *finire*, finire tutto e non sprecare niente, qualità in cui eccelle l'ineffabile mamma-massaia.[2] Grazie alla sua accorta perizia, la cucina domestica si esibisce in virtuosismi sull'elogio dell'avanzo e sullo scongiuro dello spreco. Pane raffermo, avanzi di carne bollita, albumi: la mamma sa come resuscitare tutto.

L'omo de panza

Il criterio di bellezza maschile del primo dopoguerra premia l'adipe: l'«omo de panza» (come si dice a Roma) guada-

---

[1] Fino agli anni Sessanta, la pubblicità lusinga la donna di casa proponendo i prodotti alimentari industriali non come alternativa, ma come utile complemento alla sua abilità in cucina: nell'*Agenda Cirio per la casa 1953* si legge: «Le melanzane fritte Cirio costituiscono un piatto di eccezione che salverà il vostro pranzo quando non avrete avuto tempo di cucinare»; e la campagna di pasta Barilla per il 1965 è incentrata sullo slogan: «C'è una gran cuoca in te e Barilla la rivela». Si veda Lorena Carrara, *Come mangiavamo, gli italiani e il cibo negli anni '50*, Accademia Barilla, 2006, p. 74.

[2] Risulta estinto il maschile *massaio*, dal latino *massarius*, saggio amministratore della *massa*, cioè dei fondi agricoli; la massaia inurbata può contare al massimo sulla terra dei gerani che coltiva sul balcone, ma il senso di buona amministrazione delle risorse domestiche è definitivamente slittato dal maschile al femminile; l'ultimo *massaio* di cui si hanno notizie è il Renzo de *I promessi sposi*.

gna evidentemente abbastanza bene da soddisfare i propri appetiti primari; può quindi prendersi egregiamente cura di moglie e prole.

I maschi alfa, si sa, sono ambiti perché rari: gli omini de panza, negli anni Cinquanta, sono una sparuta minoranza. L'inchiesta parlamentare sulla miseria del 1953 mostra che il problema, per i più, è la pancia vuota. Il 7 per cento delle famiglie italiane non include mai nella propria dieta carne, zucchero, vino. Si vive con 600 calorie al giorno, circa un terzo di quelle necessarie.[3]

Un servizio della rivista «Il Mondo» descrive il menu tipico di un contadino lucano: «un pezzo di pane e un peperone» per colazione, «minestra di verdura a volte con un po' di pasta fatta in casa» per cena. Una prassi diffusa nella Sicilia dell'epoca è rimediare un pasto «umiliando» il pane, ovvero intingendo tozzi raffermi nel vino finché non risultano ammorbiditi e innocui per le dentature incerte del primo dopoguerra, che non hanno conosciuto le infiltrazioni di fluoro nell'infanzia. Mettere su pancia, in tante ristrettezze, è una chimera.

Viene in aiuto la riforma agraria, che concede circa un ettaro a famiglia: per lo più sono terreni non sfruttati, anche perché pieni di sassi, e comunque è poco per dare di che campare (un'azienda agraria familiare remunerativa, in Francia, conta mediamente 30 ettari, tanto per dare un'idea).[4] In pratica, la riforma agraria non fa che consegnare le giovani mani e gli atavici appetiti del Sud alle produttive industrie del Nord.

Sul finire del decennio, con l'avvicinarsi del boom economico, l'agognata abbondanza arriva su un numero crescente

---

[3] Si veda Simona Colarizi, *Storia del Novecento italiano*, Bur, Milano 2000, p. 332 segg., da cui sono tratti i dati e la citazione dalla rivista «Il Mondo».
[4] Si veda Paul Ginsborg, *L'Italia del tempo presente*, Einaudi, Torino 1998, p. 44.

di tavole, apparecchiata con cura dalle padrone di casa che si rendono edotte leggendo le rinate riviste mensili «La cucina italiana» e «Rakam», entrambe fondate durante il fascismo, entrambe tornate in auge negli anni Cinquanta. La tovaglia ricamata dalla padrona di casa è quel tocco in più che, insieme ai tortellini fatti a mano, aggiunge valore all'arte di ricevere, che all'epoca ha la sua acme nel religioso rituale del sacro pranzo della domenica in famiglia.

L'omo de panza resterà in auge come emblema del maschio ben nutrito e perciò appetibile fino alla seconda metà degli anni Sessanta, quando la pubblicità di un nota marca di olio di oliva costruirà il successo del prodotto sullo slogan: «E la pancia non c'è più!».[5]

La cucina si fa la plastica

La ventata di American way of life porta in Italia negli anni Cinquanta: il frigorifero,[6] il tostapane, il frullino elettrico, la pentola a pressione (che in realtà è di ideazione francese, come la Statua della Libertà, solo che gli americani sono più veloci a capire le potenzialità dell'aggettivo *fast*, tanto che il

---

[5] Il tormentone «E la pancia non c'è più!» accompagna la pubblicità dell'olio Sasso nei caroselli dal 1965 al 1976. Per la donna, invece, la fregatura è totale: ora che finalmente c'è abbondanza in tavola, cambia il modello femminile di bellezza, che impone autocontrollo e diete per assottigliare la vita e limare i fianchi. Addio maniglie dell'amore. Persino il mensile «La cucina italiana» inaugura una rubrica intitolata «Battaglia senza quartiere contro il grasso superfluo».
[6] Negli anni Cinquanta il frigorifero è uno status symbol; nel 1958 solo il 13 per cento delle famiglie italiane ne possiede uno; nel 1965 la percentuale supera il 50 per cento, per arrivare all'89 per cento nel 1975 (dati tratti da Guido Crainz, *Il paese mancato*, Donzelli, Roma 2003).

primo modello commerciale di pentola a pressione, presentato al World Trade Fair di New York nel 1939, si chiama *Presto*). La brezza made in Usa, tra le altre cose, soffia via il Pci dall'esecutivo, ma vuoi mettere la comodità di aprire il frigo quando hai fame? Nessuno batte ciglio, e poi noi italiani storicamente siamo più contenti se qualcun altro si occupa della cosa pubblica in vece nostra: come si dice, «Franza o Spagna, pur che se magna». Ci resta più tempo libero per cucinare, e questa è la cosa che conta.

L'American way of life ci regala anche la plastica, che in cucina sostituisce i vecchi contenitori di ceramica e terracotta ritenuti ormai obsoleti, fatti a mano e tutti diversi, fuori posto sui ripiani del frigorifero. La plastica è a immagine e somiglianza della nuova società: standardizzata e seriale. Leggera, maneggevole, si lava e si ripone con facilità: conquista subito le casalinghe con la periartrite. Ideale per conservare gli avanzi in modalità perfettamente igienica, soggioga la casalinga mediterranea impegnata nella lotta contro i germi oltre che nel salvataggio dell'avanzo. Con i coperchi colorati, piace anche agli esteti dell'interior design del frigorifero. La plastica è il compendio ideale di una cultura mediterranea dedita alla conservazione di qualunque forma di alimento. Come la smaltiremo, per il momento, non se lo domanda nessuno. La acquistiamo a cuor leggero, e l'acquisto in sé è un evento sociale. Lo dimostra la capillare diffusione del Tupperware (dal nome dell'inventore Earl Silas Tupper), tra i primi ad avvantaggiarsi del marketing diretto: le venditrici (le Tupperware *ladies*) riuniscono le amiche per il tè e vendono i prodotti facendo conversazione, gustando pasticcini e fette di torta, con la garrula forza del passaparola. Un successo. Non riusciremo più a liberarcene.

In capo a una generazione, la plastica invaderà anche i taglieri, in nome della madre, della figlia, e della santa igiene. Eppure, osservando i taglieri di plastica scavati da coltelli e mezzelune esattamente come i loro progenitori lignei, dovrebbe pur sorgere spontanea la domanda: dovendo qualche molecola del tagliere staccarsi e confluire nel soffritto che poi mangeremo, non era meglio che si trattasse di fibre di cellulosa del legno, anziché di cloruro di polivinile?

La Cristallina

L'atmosfera del dopoguerra è così frizzante che non possiamo privarci delle bollicine, almeno nell'acqua. Il mercato delle acque minerali è ancora lontano, così la bollicina si crea in casa grazie a una polverina magica: Cristallina, «la deliziosa polvere per acqua da tavola preparata in bustina unica» che rende l'acqua leggermente sapida. Un gusto incomprensibile a chi non ci si abitua da piccolo. Per fare la Cristallina in casa ci vogliono le bottiglie con il tappo a pressione, che in famiglia si usa anche per il vino tirato dalla botte. La Cristallina è a immagine e somiglianza dell'effervescenza della casa madre, Ferrero, che immette in continuazione nuovi prodotti sul mercato: cioccolato frappé, cioccolato Noggy, cioccolato Kerstin, caramelle, Tortina (la Fiesta è di là da venire, mentre la Nutella® comparirà solo nel 1964) e pure dado per brodo.[7]

Richiede due bustine, invece, la magia dell'Idrolitina, il cui successo è fondato su una filastrocca pubblicitaria: «Disse l'oste al vino: "Tu mi diventi vecchio, ti voglio

---

[7] Ferrero si mostra all'avanguardia anche nella regalistica per fidelizzare la clientela: quasi mezzo secolo prima dell'Europa unita, con i punti Ferrero già si vince «l'Euroregalo».

maritare con l'acqua del mio secchio". Rispose il vino all'oste: "Fai le pubblicazioni: sposo l'Idrolitina del cavalier Gazzoni"».

A passeggio col Cremino

La gelateria Pepino, fondata nel 1884 in piazza Carignano a Torino, ci aveva già pensato nel 1939: il Pinguino® di Pepino è il primo gelato da passeggio in Italia. Per capire la ventata di novità del gelato ricoperto di cioccolato sullo stecco, va detto che in una città bon ton come Torino mangiare per strada è un comportamento eretico. Il Pinguino è tanto più festoso perché i torinesi possono gustarlo passeggiando per la città senza rischio di venire bollati come maleducati (accusa che per la sensibilità sabauda equivale alla scomunica). Ma come molte idee piemontesi, il Pinguino resta elitario, confinato a Torino e dintorni.

Il Cremino, prodotto industrialmente da Algida negli anni Cinquanta, diffonde in tutto il paese l'allegria del gelato sullo stecco sbocconcellato mentre si va a spasso a guardare le vetrine. Naturalmente, come in tutte le vulgate, si perde qualcosa: lo spessore del gelato peculiare del Pinguino, e la panoplia di gusti (sublime quello alla violetta, ma anche alla menta, pronunciato con la *èèè* aperta dei piemontesi che fa un po' Macario). Il successo del Cremino è testimoniato dall'uso della parola, che in pochi anni diventa il nome comune per indicare genericamente un gelato ricoperto di cioccolato sullo stecco. Mitico il legnetto del Cremino, che i giovanotti maleducati tengono all'angolo della bocca dopo avere finito il gelato, a mo' di stuzzicadenti, per catturarne anche l'ultimo sentore. Quando i fratelli piccoli provano a imitarli, si beccano un ceffone dalla mamma. Le valenze freudiane del Cremino e del ceffone torneranno a galla nelle sedute dallo psicanalista, di lì a un paio di decenni.

La gelatina

Una copertura di gelatina non si nega a nessun ingrediente: prosciutto, pollame, manzo, verdure, persino le uova sode che in questo decennio vengono presentate «mascherate» (da funghetto, da barilotto, da cigno, da maialino, da uccellino, da papero... l'importante è dissimulare la povertà dell'ingrediente con lo sfoggio di fantasia nella presentazione). Negli anni Cinquanta il velo di gelatina, eventualmente aromatizzato con un bicchierino di Marsala, è sinonimo di eleganza, e in un pranzo importante non deve assolutamente mancare. Per tutto il decennio vincono i puristi, che vogliono la gelatina ricavata da un buon brodo di carne; poi avranno la meglio i fautori della gelatina pronta, in fogli o in cubetti. È singolare che la passione per i piatti in gelatina scemi poco dopo l'introduzione del prodotto industriale che ne semplifica l'esecuzione (e ne standardizza il gusto); la gelatina torna di moda sul finire degli anni Ottanta, sulla scia della *glasnost'* (trasparenza) predicata da Gorbaciov. Ma allora la parola *gelatina* suona obsoleta e attaccaticcia, e nel nuovissimo solco della Nouvelle Cuisine verrà sostituita con *aspic,* termine francese reso cosmopolita dall'uso.

La cucina della ggente

Colazione a Trastevere, 1950 (con dissolvenza al confine occitano)

Non ha niente a che vedere con quella da Tiffany. Trastevere nel 1950 è considerata periferia, proprio come la descriveva Orazio nel I secolo dopo Cristo (per sbarazzarsi di un poetastro che insisteva per accompagnarlo a piedi in modo da potergli recitare strada facendo i versi di sua composizione, presumibilmente zoppicanti, Orazio opponeva la scusa che doveva andare troppo lontano, *trans Tiberim*). Negli anni Cinquanta, a Trastevere abitano i poveri, le cucine hanno ancora i fornelli di campagna con i bracieri di cui parla l'Artusi, e la colazione è senza possibilità di equivoco il pranzo dei signori, perché la povera gente al mattino manda giù un caffè di cicoria, e basta. I bambini però devono crescere, e nel caffellatte possono inzuppare il pane raffermo, talvolta con l'aggiunta eccezionale di un cucchiaino di zucchero. La domenica è ancora considerata una festa da santificare, a cominciare dalla colazione, per la quale c'è sempre un nonno che ti regala una lira, con cui comprare il maritozzo con la panna che un giorno alla settimana ti fa sentire un vero signorino, specie perché indossi il vestito buono, anche se con i pantaloni corti, e un cravattino col nodo stretto proprio come papà.

L'euforia della domenica trasteverina si replica anche a latitudini quasi francesi, nelle vallate alpine del Piemonte. La zuppa grassa di brodo e pane con formaggio d'alpeggio (che all'epoca non ha ancora la connotazione radical chic, si limita a essere l'unico formaggio a disposizione) viene preparata con il pane secco se è un giorno infrasettimanale o una domenica qualunque, ma nelle feste comandate il piatto si trasforma in una prelibatezza, perché in quel caso, e solo in quello, si comprano i grissini dal panettiere. Bastano due etti di grissini per farti sentire davvero come se fossi entrato a comprarti un gioiello da Tiffany.

Le ricette trompe-l'oeil, belle ma povere

Margherita di Savoia, una distesa di saline. Donne e bambini raccolgono i gusci delle cozze mangiate da qualche predatore e «ammarate» in spiaggia. A casa, le mitiche mamme pugliesi insaporiscono la salsa di pomodoro per condire gli spaghetti immergendoci i gusci delle cozze, per evocare il profumo del mare. Gli spaghetti con le cozze *fisciute* («fuggite») sono un precursore povero della cucina *trompe-l'oeil* che cinquant'anni dopo sarà uno dei leitmotiv della gastronomia molecolare, con le sue finte olive fatte con olio sferificato, finti pezzi di «carbone vegetale» fatti con manioca colorato in infusione con le patate peruviane, finte barbabietole fatte di arancia sanguinella, finte arance fatte di barbabietole gialle... Per ora, lo stile di cucina che fa di necessità virtù sembra in linea con il titolo di uno dei film di successo del decennio: *Poveri ma belli*, girato nel 1956 (curioso il fatto che il «sequel» del 1957, altrettanto fortunato, al femminile, ponga l'accento sulla povertà più che sulla bellezza: *Belle ma povere*).

Buon compleanno con la Dobos!

Era il 1864 quando il pasticciere ungherese József Dobos brevettava una torta a strati sottilissimi di pasta alternata a ganache di cioccolata. Il lampo di genio di Dobos stava nella finitura della torta: una glassa al caramello. In tempi in cui il frigorifero era utopia e il ghiaccio un lusso, la glassa caramellata regalava alla torta una relativa longevità: la Dobos poteva restare nella vetrina del pasticciere per una settimana e più. Pare che la principessa Sissi ne andasse matta, e che Dobos impazzisse pure lui a cercare di tenere segreta la ricetta, che vantava innumerevoli tentativi di imitazione, tutti senza successo. La torta Dobos propone in anteprima un cruccio che sarà assai diffuso a fine millennio: i cuochi, di fronte ai tentativi di imitazione delle loro ricette, non mostrano la serenità olimpica di Coco Chanel che, quando qualcuno le copiava un tailleur, si metteva a sedere trasognata in poltrona e ripeteva «*Chic! J'ai été copiée!*» («Che cosa chic! Mi hanno copiata!»). József Dobos riuscì a mantenere segreta la ricetta della sua torta per tutta la vita. Morendo, la lasciò in eredità alla Camera di commercio dei pasticcieri di Budapest, e da allora la Dobos è la torta ungherese per antonomasia.

Negli anni Cinquanta, la storica torta a strati conosce il suo momento di gloria in Italia. Non che ci abbia messo tutto quel tempo ad arrivare dall'Ungheria: era nota già prima, ma era un lusso per pochi; col benessere del dopoguerra, servire a fine pasto un dolce acquistato in pasticceria invece che fatto in casa è uno status symbol; e la Dobos, che non necessita di refrigerazione, fa fare bella figura anche a chi non ha ancora provveduto ad acquistare il frigorifero.[1] La Dobos è una festa nella festa. Che candelina è, se non si spegne su una Dobos?

La torta si estinguerà nei decenni successivi, diventando un reperto di modernariato d'arte bianca; quando qualcuno mostra una foto di compleanno in cui spegne la candelina sulla Dobos, il dolce risulta utile come il carbonio radioattivo per «datare» la persona in questione, più affidabile del bianco e nero e del virato seppia.

Per i corsi e ricorsi della storia, una vicenda (e una torta) assai simile alla Dobos si ripresenterà all'inizio del nuovo millennio, con le vicende giudiziarie della Setteveli.[2]

La maggioranza silenziosa, che ancora non frequenta le pasticcerie *à la page*, festeggia il compleanno con un ciambellone, che all'epoca si cuoce in apposite pentole-fornello da posare sul gas (consumano di meno rispetto all'accensione del forno elettrico, che comunque molti ancora non possiedono). In Emilia e in Piemonte inzuppano il ciambellone raffermo con alchermes[3] e lo alternano con strati di crema

---

[1] L'*Agenda Cirio per la casa 1951* insegna «come ottenere temperature basse senza ghiaccio: sciogliere 100 grammi di nitrato di soda in 100 grammi di acqua; si otterranno 10 gradi sotto zero». Nel 1954, la stessa agenda suggerisce come conservare i tuorli crudi in assenza di frigorifero: «Quando per un motivo qualsiasi si debbano conservare per alcuni giorni i soli tuorli delle uova, coprirli completamente con acqua fredda che va però rinnovata tutti i giorni».

[2] Si veda il paragrafo *Buon compleanno con la Setteveli e i macarons!*

[3] Negli anni Settanta la polemica sui coloranti investe l'alchermes, che cadrà in declino senza possibilità di scampo: quando non ricor-

pasticciera e al cioccolato. Con il nome geograficamente
fuorviante di zuppa inglese, e con i savoiardi o il pandispagna
invece del ciambellone vecchio, questo dolce conquisterà i
gusti esterofili degli italiani.[4]

L'unico limite della zuppa inglese è che non ci si infilano bene le candeline. Sopravvivrà confinata nelle trattorie
tipiche di stampo retrò, quelle che continueranno a fare
i dolci in casa anche quando negli anni Ottanta arriverà
l'invasione dei semilavorati.[5]

---

re a coloranti artificiali, deve il suo rosso intenso ai pigmenti della
cocciniglia.
[4] In realtà, l'aggettivo «inglese» viene dal secondo nome dei biscotti
savoiardi, conosciuti anche come «inglesi».
[5] I semilavorati, e le torte pronte Bindi (diffuse in tutto il mondo a fine
millennio), omogeneizzeranno le variegate note della pasticceria patria
a partire dagli anni Ottanta. Si veda il paragrafo *La torta della nonna*.

Un decennio passato a bere

Tovaglia a quadretti, vecchio frigorifero-armadio con le vetrine e i maniglioni, camerieri in pantaloni neri, giacca bianca, tovagliolo sul braccio sinistro, e se il locale ha una qualche pretesa di eleganza, papillon nero. Che si beve in compagnia? In tavola, negli anni Cinquanta, c'è il fiasco del Chianti. Si abbina perfettamente al canone dell'omo de panza (che tra parentesi pagherà il conto) richiamandone il tondeggiante declinare dell'adipe. La paglia del fiasco mette allegria, e in fondo crea pure un posto di lavoro, l'impagliatore di fiaschi. A casa, il fiasco del Chianti si appoggia per terra accanto alle gambe del tavolo, per liberare spazio per le portate (ma in questo modo è anche controllato meglio dal padrone di casa). Il Chianti, o meglio il fiasco (la forma può più della sostanza) conquista l'immaginario degli stranieri che visitano l'Italia.[1] Insieme a Firenze e alla Toscana, diventa quintessenza dell'italianità; alla fine degli anni Cinquanta, è il vino da pasto italiano più conosciuto nel mondo. Il guaio

---

[1] Già nel 1938, in *Too Many Cooks*, uno dei primi romanzi della serie del detective Nero Wolfe, l'autore Rex Stout mette in bocca al personaggio di Domenico Rossi, cuoco italiano bizzoso e caricaturale, una sanguigna apologia del Chianti (Rex Tout, *Too Many Cooks*, Jove, New York 1979, trad. it. *Alta cucina*, Mondadori, Milano 2003, p. 53).

è che resta tale anche verso fine millennio, quando l'Italia ha ormai scoperto la categoria professionale dell'enologo e la produzione vinicola ha fatto un definitivo salto di qualità; sugli scaffali dei supermercati, a Houston come a Sydney, accade ancora di vedere fiaschi impagliati di Chianti, ormai estinti in patria. Per soddisfare la richiesta, il Chianti si fa un po' dappertutto in provincia di Siena, Pistoia, Firenze, Arezzo e Pisa, tanto che a voler essere filologi bisognerebbe dire «i» Chianti, al plurale.

Intanto, le osterie più al passo cambiano insegna e si chiamano bar. Al bar, come all'osteria, si gioca a carte tra cortine fumose di sigarette Nazionali (quelle che costano meno) e vino sfuso per lo più rosso (a Roma è quello dei Castelli, in Emilia è Lambrusco; nelle Langhe, Dolcetto o Nebbiolo o Bonarda). All'epoca, imbottigliare è un vezzo da dandy.

Al bar si beve in piedi al banco, e la novità del decennio è la Sambuca con la mosca. Prodotta a Civitavecchia dalla ditta Manzi, viene lanciata sul mercato internazionale da Angelo Molinari, che dal 1945 commercializza la versione «Sambuca Extra». Nonostante il nome, non c'entra niente col sambuco, e deve il suo aroma all'anice stellato. Agli italiani piace per correggere il caffè, oppure, al contrario, è il caffè che viene usato come correttivo: la famosa Sambuca «con la mosca». Il nomignolo dato al chicco di caffè che galleggia sul bicchierino non è particolarmente sexy. Ma siamo nell'immediato dopoguerra, le bonifiche delle paludi sono una realtà recente, le mosche ronzano ancora copiose nell'aria, e non è così infrequente che finiscano nei bicchieri. Nelle barzellette internazionali, gli italiani saranno quelli che prendono la mosca, la buttano, e continuano a bere. «Schizzinosi» a noi non ce lo dice nessuno.

Gli anni Cinquanta vedono i prodromi della progressiva bancarellizzazione della letteratura, che in capo a due paia di decenni si esprimerà con una *ratio* di un premio per quasi ogni libro uscito sul mercato. Nato nel 1947 per iniziativa di un gruppo di intellettuali tra cui spicca Guido Alberti, produttore del liquore Strega, il premio omonimo diventerà un esempio di marketing in cui l'evento supera il prodotto. Lo Strega, nelle lunghe bottiglie gialle affusolate, sopravvivrà nella vetrina di qualche bar d'antan, e il premio letterario lo offuscherà nella fama.

Negli anni Cinquanta rinasce anche il maraschino,[2] distillato di visciole tradizionale della Dalmazia, la cui produzione si era interrotta durante la Seconda guerra mondiale. Il maraschino sarà tra gli ingredienti di alcuni tra i cocktail classici che acquisiranno popolarità in Italia grazie agli American bar e alla Dolce Vita.

---

[2] Giorgio Luxardo, esule dalmata, rifonda l'azienda di famiglia a Torreglia, nei pressi di Padova, nel 1947.

Mangiamoci su
Menu vintage anni Cinquanta

Non serve piangere sulle occasioni perdute: cuciniamoci invece un buon menu vintage anni Cinquanta. Quella che segue è una scelta antologica di ricette pubblicate dalle riviste dell'epoca. Grandi protagoniste del decennio: le uova, mascherate come fosse Carnevale per dissimulare la povertà dell'ingrediente, e la gelatina, che all'epoca è ancora un piatto di bravura che non si esaurisce nel saper scartare la confezione del preparato rapido.

Prosa e punteggiatura sono riportate esattamente come nella fonte, citata alla fine di ogni ricetta.

Uova guarnite

Le uova sode «vestite» sono un classico degli anni Cinquanta. Più che di una cuoca, per prepararle, c'è bisogno di un costumista. Le uova sono proteine a basso costo, praticamente gratuite per chi ha il pollaio (e negli anni Cinquanta ce l'hanno quasi tutti). Un piatto così povero ha bisogno di venire arricchito almeno con la fantasia (se non con le lamelle di tartufo, per il momento ancora considerato solo un tubero ricercato).

Facile da preparare malgrado l'apparenza, questo antipasto si fa notare per la sua originale presentazione alla quale nessun convitato rimarrà insensibile:

L'uccello. Riempite una barchetta di sfoglia con spuma di fegato grasso e disponete su questa un uovo sodo che voi decorerete con lamine di tartufo disposte a forma di stella e di mezza-luna per simulare le ali. Piantate un'oliva in cima ad uno stecco e questo nell'uovo per formare la testa: il lato che figura il becco sarà ornato con un frammento di tartufo. Introducete due piume nel punto della coda.

Il barilotto. Smussate un uovo sodo alle due estremità e ponetelo in una barchetta tappezzata di bianco d'uovo sodo sminuzzato. Formate i cerchi con lamelle di tartufo: due frammenti di tartufo figureranno il cocchiume e il tappo.

Il caschetto da Jockey. Vuotate leggermente una grossa fetta di pane a cassetta, fatela tostare al forno per qualche momento. Lasciatela raffreddare, spalmatela di burro, posatevi sopra un uovo sodo tagliato in due trasversalmente: nel taglio pianterete una sottile fetta di pane a cassetta rotolata per formare la visiera. Decorate la parte superiore dell'uovo di listerelle di porro e di cerchietti di tartufo e di capperi.

Il cigno. Ponete in una barchetta un uovo sodo del quale voi intaglierete delicatamente i lati per formare le ali del cigno. Confezionate il collo con un filetto di pasta seccata al forno.

Il fungo. Tagliate e vuotate leggermente una grossa fetta di pane a cassetta. Guarnitela con macedonia di legumi, posatevi sopra un uovo sodo che sormonterete con un mezzo pomodoro sbucciato per fare la calotta: cospargete quest'ultima con piccole conchigliette di burro. Ornate lo zoccolo di pezzettini di pomodoro e di prezzemolo tagliuzzato.

La campana. Sopra un sottile piedistallo di pane a cassetta, ponete un mezzo pomodoro sul quale metterete un uovo sodo decorandolo con laminette alternate di porri e di prosciutto. Sormontate tutto con un bel gamberetto rosa sbucciato.

Disponete queste diverse, gentili composizioni in un piatto rotondo, sopra uno strato di maionese e di gelatina.

«La buona cucina di Mani di Fata», I trimestre 1955

Pasta reale

La pasta reale in questione non c'entra niente con la pasta di mandorle: è un pezzo di modernariato destinato in un primo tempo a sopravvivere solo in confezioni industriali, poi a scomparire, insieme alle zuppiere da brodo in porcellana, che si ritireranno in soffitta per ricomparire in seguito dai rigattieri e nei mercati delle pulci. Negli anni Cinquanta, la pasta reale con il brodo è il toccasana delle mamme. Sia l'una che l'altro, va da sé, sono fatti in casa.

Ingredienti:
brodo, l 1 ½
farina bianca, g 250
burro, g 75
3 uova – mezzo litro di latte – Parmigiano grattugiato – olio per friggere – sale

Far bollire il latte.

Sciogliere il burro in una casseruola ed amalgamarvi, sempre mescolando, la farina, facendo attenzione di non fare grumi, unire un pizzico di sale e continuare a cuocere sino a che la farina si sarà un poco colorita. Poi aggiungere poco per volta tutto il latte bollente e, sempre rimestando, portare il composto ad ebollizione, lasciandolo bollire sino a che si stacchi dal recipiente. Toglierlo dal fuoco e lasciarlo raffreddare, poi aggiungervi un uovo intero e un tuorlo mescolando energicamente per amalgamarli bene. Fare col composto delle palline della grossezza di una piccola ciliegia. Mettere a fuoco la padella per i fritti con abbondante olio e, solo quando questo sarà bollentissimo, friggere le palline già pronte, tenendo presente che si friggeranno in un attimo.

Nel frattempo far bollire il brodo.

Accomodare le palline già cotte nella zuppiera della minestra o se si preferisce nei piatti dei commensali, e versarvi sopra il brodo bollente.

Servire con abbondante Parmigiano grattugiato.

«La cucina italiana», marzo 1952

Pollanca in gelatina

La pollanca, pollastrella giovane destinata all'ingrasso e a tal fine castrata prima che deponga le uova, si estingue dal dizionario di cucina, e dalla prassi comune, dopo gli anni Cinquanta. Si noti che la ricetta prevede che l'esecutrice (ovviamente al femminile) provveda in prima persona a eviscerare la pennuta («Vuotate... una bella pollanca»), nonché a spiumarla accuratamente fiammeggiandola ove necessario. Naturalmente la padrona di casa virtuosa provvederà anche a preparare la gelatina con la carne. Si noti l'uso del ghiaccio tritato per non ferire le casalinghe ancora sprovviste di frigorifero.

Nello stesso anno, la rivista «La cucina italiana» ammette «una scatoletta di gelatina da un litro» tra gli ingredienti del paté di tonno in gelatina. Lassismo, o modernità?

Vuotate, fiammeggiate e legate ben stretta una bella pollanca. Mettetela in una pentola, e copritela con un brodo
di scarti di pollo, insieme a carote, cipolle, sedano e un
bel rametto di basilico. Cuocete per 55 minuti e lasciate
raffreddare nel brodo di cottura, poi sgocciolate la pollanca e posatela su una larga e spessa crosta di pane dorato
nel burro. Aggiungete al brodo 400 g di girello, 250 g di
zampa di vitello, e un piede di vitello disossato insieme a
50 g di cotenne di lardo e a qualche osso. Portate a ebollizione, schiumate, poi fate cuocere lentamente per 4 ore. A
questo punto, passate il brodo e il resto attraverso una tela
o un setaccio fine. Aggiungete un bicchierino di Marsala.
Quando la gelatina sarà presa a metà, versatene una certa
quantità nel piatto di portata; posatevi sopra la crosta
con la pollanca: innaffiate ancora di gelatina e guarnite
con rotelline e listerelle di tartufo, insieme a fogliettine di
basilico. Decorate il bordo del piatto con motivi ritagliati
nella gelatina. Ponete il piatto su ghiaccio pestato o in
frigorifero prima di servire.

«La buona cucina di Mani di Fata», II trimestre 1955

Il carrello di rotoli di prosciutto in gelatina

*È la variante «ricca» dei rotolini di prosciutto cotto, comu-
nemente ripieni di insalata russa. Il dettaglio delle farfalle
di carta rispetta in pieno il gusto vezzoso del decennio per la
guarnizione totalmente fine a se stessa.*

*I rotoli di prosciutto variamente farciti in gelatina sono
onnipresenti nelle riviste di cucina degli anni Cinquanta: «La
cucina italiana» li pubblica a colpi di 3-4 volte all'anno, con
minime varianti.*

Fate tagliare dodici fette di prosciutto crudo della stessa grandezza; sorvegliate che siano larghe, lunghe e non troppo sottili. L'importante è che non si rompano sotto le mani che dovranno avvolgerle. Ponete in mezzo a ciascuna fetta, per traverso, un po' di spuma o di pasticcio di fegato grasso, poi rotolate la fetta in forma di cilindro. Adattate a ciascuna estremità una rotellina di tartufo. Mantenete i pezzi in luogo fresco per molte ore. Al momento di preparare, stendete sul piatto di servizio uno strato di gelatina che lascerete raffreddare: su questa adagerete una larga fetta di pane a cassetta. Sormontate questa con una fila di cinque cilindri di prosciutto l'uno vicino all'altro, su questa ponetene un'altra fila, di quattro questa volta, poi una di tre, tutti bene accomodati a piramide. A 3-4 centimetri dall'orlo della piramide conformate due cordoni di spuma di fegato grasso che terminerete al centro con due rotondi ornati di tartufi e ricoperti di gelatina. A una estremità del piatto, accomodate due farfalle di carta. Servite freschissimo.

«La buona cucina di Mani di Fata», I trimestre 1956

Prosciutto in gelatina

Versione povera, col prosciutto cotto, e pure sbrigativa (è ammesso l'uso della colla di pesce!) dei popolarissimi involtini di prosciutto in gelatina. Meglio non seguire le istruzioni alla lettera, e ammorbidire separatamente i 5+2 fogli di colla di pesce: diventa impossibile separare i fogli ormai ammorbiditi, arduo stabilire se se ne sono usati davvero solo due per la maionese gelatinata.

Ingredienti:
piselli g 200
olio g 150
cipolline g 100
quattro fette (non sottili) di prosciutto cotto – un cetriolino
– un peperoncino rosso – un uovo – due fogli di colla di
pesce – due limoni – una patata – una carota – sale

Per la gelatina:
cinque fogli di colla di pesce – un albume – due cucchiai
di Marsala – ¼ di litro di brodo (in mancanza di questo
si potrà usare dell'acqua alla quale sarà stato aggiunto del
buon estratto di carne)

Ammorbidire in acqua fredda tutti e sette i fogli di pesce.
    Sgranare i piselli. Lessare, mettendole in acqua bollente
salata, tutte le verdure, piselli compresi; quando saranno
cotte, scolarle.
    Con il brodo, l'albume, la Marsala e cinque fogli di colla
di pesce ammorbidita, preparare una gelatina.
    Versare un poco di gelatina sul piatto di portata e lasciarla
rassodare.
    Con il tuorlo, l'olio, ½ limone, il sale e i rimanenti fogli
di colla di pesce preparare una maionese gelatinata.
    Unire alla maionese tutte le verdure (la patata e la carota
tagliate a pezzetti); mescolare bene.
    Distendere bene le quattro fette di prosciutto e acco-
modare al centro di ognuna la quarta parte della maionese
gelatinata. Arrotolare il prosciutto su se stesso, badando che
la gelatina rimanga all'interno.
    Mettere i quattro rotoli di prosciutto al centro del piatto
di portata. Ritagliare il peperone in sei strisce. Una striscia
dividerla in quattro pezzettini. Le altre strisce accomodarle

ai lati del prosciutto. Ricavare dal cetriolino otto fettine. Mettere al centro di ogni rotolo di prosciutto un pezzettino di peperoncino e ai lati due fettine di cetriolino. Versare la rimanente gelatina sopra il prosciutto e porre in ghiaccio. Servire con foglie di insalata e fettine di limone.

«La cucina italiana», luglio 1952

Budino di prosciutto

Il piedino di vitello listato tra gli ingredienti, solo qualche anno più tardi, farà strabuzzare gli occhi al macellaio, che ne sarà ormai sprovvisto. Si noti come l'estensore della ricetta eviti accuratamente di menzionare il frigorifero come luogo freddo (per non ferire la sensibilità delle lettrici che non l'hanno ancora acquistato?). Gelatina e maionese sono, ça va sans dire, *fatte in casa.*

Preparate alla vigilia, con un piedino di vitello, un pezzetto di manzo, qualche osso e verdure varie, un mezzo litro abbondante di gelatina. Fate cuocere in acqua salata 500 g di verdure varie: piselli, fagioli, fagiolini, punte d'asparagi e, a parte, 300 g di carote tagliate a fettine rotonde. Lasciate raffreddare. Al momento di preparare il budino, scaldate leggermente la gelatina. Versatene un leggero strato nel fondo di una forma rotonda. Nel centro di questa forma, ponete una bella fetta rotonda di pomodoro, e circondatela con fettine rotonde di uova sode (un uovo). Disponete, in seguito, con lo stesso ordine, fettine rotonde di carote. Lasciate rapprendere in un luogo molto freddo, poi, quando la gelatina è solida guarnite tutt'intorno la forma con dischetti di carote. Lasciate di nuovo raffreddare. Tagliate a pezzi regolari 250 g di prosciutto. Ponetelo al centro della forma e ricoprite con le verdure in riposo. Riempite di gelatina e mantenete al freddo per due ore. Sformate su un piatto freddo, proprio al momento di servire. Servite con una tazza di maionese molto solida.

«La buona cucina di Mani di Fata», giugno 1957

Manzo alla moda del capriolo

Le ricette «alla moda di» sono in voga già dai tempi dell'Artusi. Questa preparazione è proposta tra i menu per «pranzi semplici» preceduta da carciofi alla villereccia e seguita dalla purée di patate al formaggio (a sorpresa, sarà formaggio olandese grattugiato) e dal gran finale, all'epoca decisamente molto esotico, dell'ananas al Kirsch.

Lardellate un pezzo di manzo del peso di 750 g circa.
     Ponetelo in una terrina, insieme a due o tre cipolle tagliuzzate, una grossa carota tritata, un mazzetto d'erbe odorose e mezzo litro di vino rosso con un filo di aceto, sale e pepe. Lasciate marinare fino all'indomani. Sgocciolate, asciugate bene la carne e fatela rinvenire in quattro cucchiaiate di burro fuso con sette o otto cipolline e qualche fettina di lardo. Dorata che sia, bagnatela con la marinata, aggiungete un altro mazzetto odoroso e lasciate cuocere dolcemente per tre ore. Accomodate poi il manzo nel piatto di portata, tenendo al caldo. Fate ridurre il sugo di cottura, aggiungendovi una bella cucchiaiata di farina e terminate incorporandovi 75 g di burro e tre cucchiai di gelatina di mirtilli. Versate tutto sulla carne e servite.

«La buona cucina di Mani di Fata», ottobre 1954

Torta Dobos

Si noti il cipiglio austro-ungarico nello stile asciutto della ricetta, che si conserva bene fuori dal frigorifero anche per una settimana.

175 g di zucchero in polvere, 140 g di farina, 160 g di tuorlo d'uovo, 200 g di albume, 70 g di burro fuso, crema al burro al cioccolato. Per la copertura: 125 g di zucchero, 5 g di burro, qualche goccia di succo di limone.

Montare a neve l'albume, incorporandovi, gradualmente, lo zucchero. Aggiungervi il tuorlo d'uovo e quindi la farina, incorporando da ultimo il burro fuso lasciato raffreddare. Imburrare quindi una o più placche da forno e allinearvi sopra sei cerchi per crostata, nei quali si verserà il composto appena apprestato, mantenendolo a uno spessore di non più di 3 mm. Lisciare in superficie ciascun cerchio e cuocere in forno discretamente caldo. Staccare dalle placche i tamponi di pasta non appena siano sfornati e lasciarli raffreddare in disparte. Ciò avvenuto, spalmarli, ad eccezione di uno, con un abbondante strato di crema al burro al cioccolato e sovrapporli, l'uno all'altro, lisciandoli tutt'intorno lungo i bordi, ed eliminando quanto avanza della crema. A parte, far caramellare 125 g di zucchero, unendovi inoltre il succo di limone e il burro, e versarlo caldissimo sopra il tampone tenuto in disparte. Prima che lo zucchero si raffreddi, trinciare la pasta con un coltello lucidato di burro in dodici sezioni. Lasciar raffreddare completamente e disporre i pezzi caramellizzati adagiandoli di sbieco sopra spuntoni di crema al burro.

Da *Das Grosse Internationale Konditoreibuch*, trad. it. a cura di Laura Kurz Germi, Sansoni, Firenze 1971

Ciambella

Sono anni in cui gli stampi da ciambella, magari con il bordo estensibile, risiedono solo nel mondo delle idee (così come le mandorle già pelate che si acquistano in busta: quelle utilizzate per questa ricetta hanno ancora la pellicina marrone addosso). Questa ciambella, arricchita di ciliegine, mandorle e uvetta, garantisce la bella figura quando la si porta dagli amici già dotati di apparecchio televisivo, per guardare insieme Lascia o Raddoppia? *il giovedì sera.*

Ingredienti:
farina bianca, g 700
zucchero, g 300
burro, g 150
ciliegine candite, g 100
mandorle, g 150
uvetta, g 50
3 uova – mezzo bicchiere di latte – una bustina di lievito – sale

Scottare le mandorle e sbucciarle.

Mettere sulla spianatoia la farina, unire un pizzico di sale, il lievito, lo zucchero, metà delle ciliegine e tutta l'uvetta, precedentemente lavate e infarinate. Mescolare bene tutti gli ingredienti, fare un buco nel mezzo della farina e rompervi dentro le uova (meno un tuorlo che si userà per dorare la superficie della ciambella), versare il latte leggermente intiepidito e il burro che si sarà fatto ammorbidire. Impastare molto bene lavorando la pasta sino a che non sia diventata liscia e morbida.

Imburrare una tortiera piuttosto larga. Con la pasta preparare un rotolo e metterlo nella tortiera ricongiungendone i capi: si avrà così come un grosso anello. Per impedire che nel cuocere il buco si chiuda, prima di infornare mettere nel mezzo della ciambella una tazza, che si toglierà dopo la cottura del dolce. Con il tuorlo messo da parte, lucidare, usando le dita, la superficie della ciambella. Tagliare a metà le ciliegine rimaste e, con le mandorle sbucciate, guarnire la superficie della ciambella. Spolverizzarla di zucchero e cuocerla in forno caldo per circa mezz'ora.

«La cucina italiana», marzo 1952

Zuppa inglese

Eugenia De Marchi, in arte Nonna Genia, autrice di questa zuppa inglese, raccolse le proprie ricette come facevano tante casalinghe dell'epoca, su un taccuino e su foglietti sparsi, senza velleità di pubblicazione. Il nipote Luciano De Giacomi, Gran Maestro dell'Ordine dei Cavalieri del Tartufo e dei Vini di Alba, da lui stesso fondato nel 1967, le riordinò e le raccolse in un volume, pubblicato per la prima volta nel 1982. Nonna Genia e il di lei nipotino erano «troppo avanti»: qualche decennio più tardi, sarebbero potuti diventare rispettivamente conduttrice televisiva e autore di best seller.

Dosi per 6 persone
Preparazione: 1 ora e mezza
Attesa: nel «crotìn»[1] o nel frigo da 6 a 12 ore

---

[1] *Crotìn* ovvero, in piemontese, piccola cantina: negli anni Cinquanta, come abbiamo visto, il frigorifero era un lusso di pochi, la cantina una necessità, e un'abitudine, di tutti.

Biscotti savoiardi g 150 – rhum di Giamaica un bicchiere – marmellata di albicocche g 250 – crema pasticciera kg 0,500 – Alkermes un bicchiere – crema al cioccolato g 150

Si prendono 150 grammi di biscotti savoiardi. In un piatto ovale da portata molto fondo si mette uno strato di tali biscotti inumiditi con rhum di Giamaica. Su questo strato di biscotti si spalma della marmellata di albicocche ed uno strato di crema pasticciera (uova, zucchero, latte, farina e vaniglia). Si ricomincia a rifare gli strati nello stesso ordine, con la sola variante di bagnare leggermente i biscotti con Alkermes.

Si inizia quindi un'altra serie di strati con i biscotti imbevuti nuovamente nel rhum. Finiti gli strati voluti si ricopre il tutto con una crema al cioccolato (uova, zucchero, latte, farina e cioccolato).

Si serve freddo.

Da *Nonna Genia*, di Beppe Lodi e Luciano De Giacomi, Araba Fenice, Cuneo 2002

Anni Sessanta

«È tutto un magna-magna.» E quindi «magniamo» anche noi, visto che almeno la cucina non è soggetta alle limitazioni della censura matrigna. Nel 1961 esce la prima guida dei ristoranti all'Italian, ma è in ritardo di cinque anni sulla concorrenza francese. Nonostante la guerra fredda, persino gli anticomunisti vanno matti per l'insalata russa.

Guerra fredda e insalate russe

Negli anni Sessanta, sulla scia dell'American way e del boom economico, gli italiani scoprono il gusto del consumismo. Al Nord, la nuova formula del supermercato va a gonfie vele,[1] e il successo non è dovuto tanto ai prezzi più bassi che può praticare la grande distribuzione, quanto al risparmio dell'umiliazione inferta al cliente: gli immigrati meridionali evitano le occhiatacce di riprovazione del droghiere meneghino quando, messi alle strette di fronte alla ineluttabilità della scelta, mostrano di non conoscere la differenza fra Grana Padano e Parmigiano Reggiano, e magari si ostinano a chiedere certi pecorini che puzzano, ma solo perché non hanno ancora ottenuto lo sdoganamento gourmet operato dai Presidi Slow Food.

Al supermercato, gli italiani scoprono il gusto dell'abbondanza e l'imbarazzo della scelta.

Basti pensare che, ancora nel 1953, il paniere Istat includeva alla voce «alimentazione» solo venti prodotti: pane, pasta,

---

[1] Alla fine degli anni Sessanta, Pam, che ha inaugurato il primo punto vendita a Padova nel 1958, conta 36 supermercati tra Veneto, Lombardia e Piemonte (diventeranno 43 nel 1972); Standa, nata nel 1931 come Magazzini Standard, ribattezzata per volontà di Mussolini, ha inaugurato il primo reparto alimentari nel 1956 e il primo self-service nel 1958 a Milano; alla fine degli anni Sessanta conta circa 150 punti vendita (saranno 219 nel 1971).

riso, patate, fagiuoli [*sic*], carne bovina, pesce, formaggio da condimento, olio, burro, lardo, uova, latte, zucchero, conserva, vino, ortaggi, frutta fresca, frutta secca, sale. Nel 1966, la voce «alimentazione» si è estesa a comprendere ben 105 prodotti. La spesa degli italiani si è così variegata e raffinata che l'Istat distingue fra diversi tagli di carne, varietà di verdure, specie ittiche, e include tra i generi di alimentazione primari acqua gasata, sciroppi, spezie (solo quattro, per la verità: pepe, noce moscata, cannella, vaniglia), caramelle e persino (sarà il riconoscimento psicanalitico della fase orale?) sigari e sigarette. Non siamo ancora arrivati alle circa 175 voci della spesa alimentare degli anni Ottanta, ma siamo sulla buona strada.

Il consumismo è il segno che gli americani hanno mantenuto le promesse, almeno per il momento: noi li abbiamo fatti contenti governando la Repubblica a modo loro, e il premio è il riverbero del loro benessere. Alla fine degli anni Sessanta quasi tutti avremo un frigorifero,[2] una lavatrice, un'automobile (mal che vada, un'utilitaria). Acquistiamo pentole in acciaio inossidabile,[3] sughi e minestre pronti, dadi per brodo, carne in scatola, formaggini spalmabili e sottilette che fondono con facilità nei panini imbottiti; tutti ci fidelizzano con la raccolta di punti ed etichette, per poi gratificarci con le più disparate regalie.[4] Il decennio si apre

---

[2] Come spesso accadrà alla tecnologia, il prezzo dei frigoriferi si riduce quasi del 50 per cento nel corso del decennio, rendendo l'elettrodomestico largamente accessibile. Produce frigoriferi anche la Fiat, a prezzi competitivi.

[3] Negli anni Sessanta l'acciaio inossidabile soppianta quello porcellanato, grazie all'innovazione tecnologica del «doppio fondo radiante thermoplan».

[4] Il dado per brodo Lombardi reclamizza nei messaggi pubblicitari la «qualità anche nei regali», che comprendono servizi in porcellana, cristallo e posateria elegante.

l'11 gennaio 1960 con un'anteprima da pizzicotto («sogno o son desto?»): il «Financial Times» dà alla lira italiana l'Oscar della moneta, annoverandola tra le valute più forti del mondo. Una censura che si prende affannosamente sul serio quasi non tiene il ritmo dei film in uscita (tra i censurati: *La dolce vita* di Federico Fellini, *Rocco e i suoi fratelli* di Luchino Visconti, ma anche *Non uccidere* di Claude Autant-Lara, che istigherebbe all'obiezione di coscienza, *L'ape regina* di Marco Ferreri, *La ricotta, Teorema* e *Salò* di Pier Paolo Pasolini, *Blow-Up* di Michelangelo Antonioni; flagellati anche Dario Fo e Franca Rame, che si dimettono da *Canzonissima* per le troppe censure subite, Mina messa al bando dalla Rai per la relazione extraconiugale con Corrado Pani, e Allen Ginsberg reo di avere letto «versi osceni» al festival di Spoleto). Strananente, nessuno, nemmeno Andreotti, che nella catoniana attività di censore si dice ispirato dal «bene della gente», pensa a censurare i ravioli (s)cotti in scatola, i sughi e i secondi pronti, i preparati per dolci rapidi, alcuni tipi di bibite gasate, i würstel, la pizzaiola, la gelatina rapida, i formaggini sciolti nel brodo di infanti impossibilitati a protestare, gli spezzatini liofilizzati, la margarina e i grassi idrogenati in genere, i coloranti alimentari disinvolti, che sono altrettanto osceni, se non di più (per lo meno dal punto di vista dei censori: cosa faremo del tempo risparmiato? Ci daremo mica alla pazza e immorale gioia?...), per tacere dei messaggi pubblicitari che contrappongono gli olii di semi «magri» a quello di oliva, implicitamente «grasso».[5]

La mafia affila le armi (fra le vittime, il sindacalista comunista Paolo Bongiorno), ma per il momento fanno più stragi

---

[5] Fa piuttosto specie che «La cucina italiana» nel numero di ottobre 1964 ospiti una pagina pubblicitaria dell'olio Agip F1, ovviamente un olio «al servizio del motore».

i terroristi secessionisti sudtirolesi, che non vogliono saperne di chiamare canederli gli gnocchi di pane che per loro sono *Knödel*, con tanto di dieresi, anzi, *Umlaut*. Il nuovo papa è più moderno, innovativo e carismatico di quanto lo vorrebbero i cardinali che l'hanno eletto, che però riceveranno la grazia di vederlo morire molto prematuramente. Nelle università cominciano le agitazioni, le richieste di riforme, le occupazioni: Roma, Pisa, Milano, Torino, Bologna. Alla fine del decennio, dimenticata dai più la bomba del 25 aprile 1969 alla Fiera campionaria di Milano, piazza Fontana inaugura ufficialmente la stagione delle stragi.

Per mandare giù tutto questo ci vuole uno zuccherino: «basta un poco di zucchero e la pillola va giù» è la ricetta di Mary Poppins nel 1964, e a tal proposito opportuni decreti governativi calmierano *ad hoc* il prezzo di svariati generi di consumo, tra cui lo zucchero e la benzina (indispensabili per le gite al mare e per tenere su di giri almeno la glicemia). Si comincia a parlare di centrosinistra senza che la parola suoni esageratamente sinistra alle pie casalinghe italiche, devote alla manifattura dei centrini.

A vederli in prospettiva, gli anni Sessanta sono la crisi adolescenziale della Repubblica, come un'acne seborroica o uno sfogo per abuso di Nutella®, introdotta sul mercato proprio nel 1964. La generazione nata con la Repubblica vuol dire la sua e si ribella, insofferente come ogni adolescente che si rispetti. A blandirli ci prova la società dei consumi, innescando le sue sirene: Carosello e i suoi ritornelli frullano ancora in testa quando si va a fare la spesa, adolescenti contestatori inclusi.

Nel 1966, l'innocuo giornaletto del liceo Parini pubblica un articolo sui costumi sessuali delle studentesse. I tre studenti che lo firmano potrebbero vincere un master di sociologia a Harvard, invece vengono persino sottoposti ad accertamenti medici. Di lì al '68, è un crescendo che passa per le comuni, le minigonne, i capelloni, i Beatles, Joan Baez, e «Nuova Barbonia», sgomberata dalla polizia nel giugno 1967 (leggenda vuole che gli abitanti del quartiere incitassero: «Bruciateli vivi!»). Alcune pie casalinghe italiche, intervistate dai cronisti, deplorano «lo scempio delle carni».

Nelle facoltà universitarie occupate, le aule diventano casa: oltre a discutere e a scambiare sapere e idee, si vive, si ama, si dorme, si mangia e a volte si cucina, almeno nelle facoltà attrezzate, come quella di medicina. Cosa si mangia? Non ha importanza. Il Sessantotto è romantico, come i giovani innamorati inappetenti che sono la dannazione dei camerieri quando varcano incerti la soglia dei ristoranti dell'establishment, e li costringono a tornare troppe volte a prendere ordinazioni di un menu non ancora degnato di uno sguardo, a riportare in cucina piatti lasciati intonsi dall'anoressia amorosa. Il cameriere tira un sospiro di sollievo quando il giovanotto si schiarisce la voce e chiede il conto, e il tavolo accoglie una bella coppia in crisi che sublima con un menu completo di antipasto, primo, secondo, contorno, dolce, il tutto lavato via da una bella bottiglia di Lambrusco («degustazione», col relativo menu, è una parola di là da venire).

L'apparente disinteresse dei sessantottini per il cibo è un corollario della lotta contro la società dei consumi, un'espressione della ribellione giovanile contro la tavola imbandita dalla mamma secondo i dettami del bon ton borghese. Recupereranno la curiosità per la gastronomia – tranne le rare eccezioni che già la nutrivano[6] – nell'era del

---

[6] I compagni che indulgono ai piaceri della tavola vengono accusati di cedere alle sirene borghesi. (Il Sessantotto libera il sesso, la cucina resta tabù.)

riflusso, quando negli anni Ottanta sarà la loro generazione a fondare le nuove confraternite dell'eccellenza culinaria: Gambero Rosso e Arcigola Slow Food.[7]

Ma per adesso, intonati e stonati, più o meno affamati, tutti giù in piazza a cantare *Contessa*.

1960. Nasce Lisa Biondi (e ha già cinquant'anni)

Come i Gesù bambini bizantini raffigurati con il viso già adulto, Lisa Biondi nasce nel 1960 e ha già una generosa cinquantina d'anni.[8] La sua mamma si chiama Lydia Salvetti, ricopre cariche di prestigio nella Commanderie des Cordons Bleus de France ed è consigliera gastronomica della Chaîne des Rôtisseurs; il papà, se così si può dire, è la margarina Gradina, o meglio, la divisione alimentare del marchio Unilever. Lisa Biondi, nell'iconografia ufficiale, è una rassicurante signora bionda (*in nomine, omen*) con il piglio da massaia e la messa in piega che mostra ancora la traccia dei bigodini; la sua «esistenza» è l'ennesima contaminazione dell'American way, e si ispira a un altro personaggio fittizio della cucina, l'americana Betty Crocker, concepita nel 1921 dalla Washburn-Crosby Company per proporre una serie di prodotti per cucina con un marketing personalizzato. Lisa Biondi non avrà vita lunga come il suo modello americano, che a inizio

---

[7] Stefano Bonilli dirà autoironicamente di sé: «Dalle barricate alle *barriques*».

[8] Nelle pubblicità della margarina Gradina viene menzionata l'esperta di cucina Lisa Biondi, a cui rivolgersi in modo «assolutamente gratuito» per avere «ricette, consigli, suggerimenti» sin dalla seconda metà degli anni Cinquanta. È nel 1960 che Lisa Biondi acquista un volto.

millennio, virtualmente decrepita, impara a usare facebook[9] e cinguetta su twitter, ma resterà comunque sulla
cresta dell'onda per un ventennio, firmando ricettari
popolarissimi, facendosi di volta in volta testimonial della
margarina, della maionese pronta, dei dadi per brodo e di
utensili che sveltiscono il lavoro in cucina come la pentola
a pressione, «sdoganandoli» contemporaneamente per più
generazioni, con la forza di un'autorevolezza costruita a
tavolino. Per avere un'altra lezione di marketing di questa portata toccherà aspettare Renzo Arbore e il Cacao
Meravigliao.[10]

1961. La prima guida «all Italian»

L'Accademia Italiana della Cucina, fondata nel 1953 da Orio
Vergani, pubblica «la prima guida ai ristoranti e trattorie
d'Italia apparsa in assoluto in Italia».[11] In realtà, la Michelin
ha inaugurato l'edizione italiana con cinque anni di anticipo
sull'Accademia, nel 1956. Brucia il fatto che sia la Francia
a decretare cosa è buono e cosa no in Italia, e Orio Vergani
corre ai ripari. In un certo senso, un primato lo realizza:
quella dell'Accademia è la prima guida ai ristoranti e trattorie d'Italia redatta da italiani. Comincia così la stagione
dello spionaggio tra le guide: chi recensisce per primo un

---

[9] Quarantamila utenti mensili consultano le sue ricette sulla pagina
facebook; 1.742.448 persone esprimono su facebook il loro gradi-
mento per Betty Crocker («Mi piace»); 52.825 persone la seguono
su twitter.

[10] Si veda il paragrafo *1987. Il marketing, dal ritorno alla natura al
nome del cacao.*

[11] La definizione è quella ufficiale del sito dell'Accademia Italiana della
Cucina, www.accademiaitalianacucina.it/

ristorante, chi stronca, chi incensa quello che l'altro ha stroncato per comunicargli tra le righe «Esimio collega, lei è incompetente...» (e viceversa): per i decenni a venire, le guide si faranno la guerra (fredda) tra loro, con defezioni e passaggi di campo che faranno scalpore nel microcosmo degli addetti ai lavori;[12] ma soprattutto, le guide decreteranno la fortuna o la sfortuna di un locale, e i lettori le leggeranno e le seguiranno fidandosi più del recensore che del proprio gusto personale. Per quanto riguarda lo spionaggio, sarà una coincidenza, ma svariati estensori di guide hanno un passato nei servizi segreti, e hanno costruito il loro sapere culinario frequentando cucine blasonate mentre erano «in servizio».[13] Non fa tanto James Bond? Il primo film della serie che darà fama mondiale allo 007 creato da Ian Fleming, *Licenza di uccidere,* è del 1962.

---

[12] Celeberrima, sul finire degli anni Ottanta, la querelle di Veronelli contro Gambero Rosso. L'autorevole critico, all'epoca sessantenne, ravvisava nella guida dei ristoranti del Gambero Rosso un tentativo di imitazione della sua.

[13] Esemplare la nascita della *Guida ai ristoranti d'Italia* edita dall'Espresso; la guida esce nel 1978 con una partnership dei francesi Gault e Millau, in opposizione allo «strapotere» della guida Michelin, che fa capo alla casa francese produttrice di pneumatici; ovvero, combatte i francesi usando come armi altri francesi, un epigono del *divide et impera* praticato con successo dall'Impero romano. Tra i collaboratori, nonché futuro direttore, figura Federico Umberto D'Amato, che all'epoca è a capo dell'Ufficio affari riservati del ministero dell'Interno, e in quanto tale, si trova tra le mani incartamenti delicati come, ad esempio, quelli del sequestro Moro. Il ruolo professionale, per quanto riservato, impone a D'Amato di firmare con uno pseudonimo: F.U. Godio. Siccome l'inconscio non è una *boutade* di Freud e Jung, si noti *en passant* la curiosa combinazione di lessemi agglomerati nello pseudonimo scelto dallo 007 italiano: considerando solo la lingua italiana, godi, odi, odio, o, dio, io.

1963. La banana, il frutto dello scandalo

Nel 1963, la banana ha ancora un fascino esotico. Nei decenni successivi cederà il posto prima all'ananas, poi a kiwi, lychees, mango, papaya, frutto della passione, guava, pomelo... Ma nel 1963, per la maggioranza degli italiani la banana è un lusso di qualche domenica, perché il prezzo la rende ancora un frutto proibitivo. Fino a pochi anni prima, le banane le avevano viste, e assaggiate, solo i marinai di lungo corso e gli sventurati che avevano seguito i miraggi abissini del regime fascista, un cui retaggio è l'Azienda per il monopolio delle banane, responsabile dei prezzi di vendita.

Nel ventennio, il monopolio aveva una sua ragion d'essere: costringeva a consumare solo banane provenienti dall'impero, in ossequio all'autarchia. Ma benché apparentemente anacronistica, l'Azienda monopolistica è perfettamente al passo coi tempi, e trova una sua compiuta ragion d'essere anche nella Prima repubblica: le aste pubbliche per vendere banane, infatti, permettono ai grossisti, e non solo a loro, di realizzare ottimi affari. L'asta pubblica più o meno funziona così: tu vuoi comprare un cargo di banane, e per farlo devi indovinare il prezzo massimo stabilito dal monopolio se ci sono concorrenti; se non c'è concorrenza, perché sprecare denaro? Basta indovinare il prezzo minimo stabilito. Per azzeccarci, ci vuole una talpa al posto giusto. Nel caso dell'Assobanane, gli associati ce l'hanno: è l'ex segretario del ministro Giuseppe Trabucchi, che verrà arrestato in seguito all'asta truccata del 23 marzo 1963, dove l'Assobanane ha fatto *strike*, indovinando ovunque prezzo massimo e minimo secondo necessità.

Stravincere non è mai elegante, e men che meno prudente; i commercianti ortofrutticoli sconfitti non ci stanno: il loro presidente protesta con il presidente del Consiglio in carica, Amintore Fanfani (già membro della Comunità del porcellino). Fanfani capisce subito che rischiamo di diventare la Repubblica delle banane anzitempo, e ripristina lo *status quo*, annullando l'asta. Nel corso delle indagini emergerà che, con il sistema delle aste pubbliche, i grossisti versavano tangenti per conoscere la cifra giusta. Le banane, in regime di monopolio gestito in modo tale da ispirare negli anni a venire il quiz tv *Ok, il prezzo è giusto!*, avrebbero fruttato un giro di «mance» di circa 300 milioni di lire all'anno (potere d'acquisto della lira riferita agli anni Sessanta).

L'opinione pubblica s'infiamma: senza il monopolio, i grossisti avrebbero risparmiato la tangente, e il prezzo finale al consumatore sarebbe stato più basso. Il governo di centrosinistra chiude l'anacronistica azienda monopolistica. La banana diventa un frutto sempre più accessibile, tanto da giustificare il ritornello di Alberto Sordi «Ma 'ndo vai, se la banana non ce l'hai?». (Il doppio senso è la chiave del successo del motivo, che dal 1974 figurerà in tutto il mondo nelle compilation di musica italiana, tenendo alto il vessillo della qualità dei testi.) Ma per il momento, l'onore del governo è salvo, e per diventare la Repubblica delle banane dovremo aspettare ancora qualche decennio.[14]

Ai bambini, le mamme igieniste e apprensive raccomandano sempre di non toccare il frutto con le mani dopo averlo sbucciato, perché «non si sa se chi ha raccolto la banana aveva le mani sporche». Un modo strisciante e ipocritamente buonista di fare razzismo.

---

[14] Lo scandalo delle banane che coinvolse il ministro Trabucchi è raccontato da Giorgio Galli, *Affari di Stato*, Kaos Edizioni, Milano 1991, pp. 121-123.

1969. Un piede sulla Luna e dei fuochi molto artificiali

Il 21 luglio 1969, annunciato da Tito Stagno, l'uomo mette piede sulla Luna, e non contento ribadirà l'impronta il 19 novembre. Cosa mangiano gli italiani quella sera, seduti davanti al telegiornale delle venti che riporta la notizia? Siamo tutti ancora un po' scossi per le due bombe primaverili di Milano, ignari della strategia della tensione che si attua nell'ombra. Anche l'8 e il 9 agosto pioveranno bombe, in tutto una decina, su un po' di treni; il 12 dicembre ci regalerà la strage di piazza Fontana più altre quattro bombe tra Roma e Milano, una delle quali non riuscirà a esplodere.

Gli italiani apprendono le notizie dal telegiornale, seduti a tavola, vittime consapevoli, per il momento, solo della strategia dell'ipertensione: esaltati dal boom economico, non si lasciano deprimere dalle deflagrazioni e sublimano rifocillandosi con un quantitativo di calorie pari a circa il doppio del fabbisogno quotidiano. Deve trattarsi di una forma di compensazione, visto che solo sedici anni prima tiravamo avanti con meno di metà delle calorie necessarie. Il 21 luglio 1969, l'*Agenda Cirio per la casa* propone il seguente menu: «Penne Cirio al Super Cirio; fegato di vitello in salsa piccante; frutta fresca; caffè Cirio».

La ricetta del fegato richiede l'utilizzo del concentrato di pomodoro Super Cirio e di Rubra Cirio, salsa piccante di pomodoro con zucchero, aceto di puro vino e spezie. Un'esplosione piccante che casualmente sottolinea l'impatto dell'allunaggio.

*Ricapitolando (dieci anni in tre consigli bon ton, alla moda
delle riviste femminili)*

1. È buona educazione fare finta di nulla. Il rotolo di prosciutto in gelatina di vostra nuora sa di preparato pronto?
   Sorridete e non dite niente, anzi, consolatevi: è possibile
   che nel prossimo decennio venga approvato un disegno
   di legge sul divorzio, e il vostro virgulto tornerà a vivere
   con voi.
2. Quel maleducato di vostro figlio occupa l'università e
   si alimenta in modo scorretto? La responsabilità è delle
   suore del collegio in cui l'avete fatto educare a caro prezzo, che non gli hanno inculcato il rispetto del corpo né
   quello del cibo.
3. Vostro marito ha un collega del Sud e vi chiede di invitarlo
   a cena con la sua signora? Rammentate che i meridionali
   amano i sapori forti e decisi, anche violenti. Un pizzico
   generoso di peperoncino è quel che ci vuole per rendere
   bene accetto il vostro risotto.

Le ossessioni culinarie negli anni Sessanta

Dal Tetra Pak al Tetra Brik

Gli svedesi non hanno esportato in tutto il mondo solo la Volvo, Ikea, H&M e gli Abba. Nasce nel 1952 il Tetra Classic, un tetraedro di cartoncino rivestito internamente di plastica e dunque teoricamente idoneo a contenere il latte, non fosse per la brutta abitudine dei tetraedri di versare latte da tutte le parti, specialmente quando li si apre con una sforbiciata. Dalla Svezia al Brennero la strada è lunga, e in Italia il Tetra Classic si afferma con un po' di ritardo, negli anni Sessanta. La difficile impilabilità del tetraedro e i milioni di imprecazioni mattutine che si riversano sulla testa dell'inventore quando il latte si rovescia sul ripiano del frigo convincono l'azienda dell'opportunità di introdurre sul mercato il Tetra Brik, realizzato con gli stessi materiali, proposti nella salda stabilità geometrica del parallelepipedo.

Il Tetra Brik nasce nel 1963, rivoluziona il packaging e apre la porta del successo al latte a lunga conservazione. Negli anni Ottanta verrà usato anche per il vino, insistendo sulla praticità della confezione, che si rivela effettivamente molto comoda anche per barboni e punkabbestia, eliminando la pericolosità del vetro lasciato in mani malferme. L'aristotelico sinolo di forma e materia impedisce ai puristi di degnare di una qualsivoglia considerazione la sostanza del contenuto. Vuoi mettere col fascino visivo e sonoro del tirabouchon?

Sul finire degli anni Sessanta, sciacquati i cervelli con la convinzione che «industriale è meglio» (non per un fatto di gusto, ma perché igienicamente irreprensibile), il Tetra Pak sfratta le mucche dalle stalle. Si estinguono migliaia di contadini in tutta la nazione: non gli allevatori, che cominciano a vendere il latte alle centrali, ma quelli che hanno un paio di mucche e campano sulla vendita giornaliera del latte e settimanale del formaggio. Il Bel Paese, negli anni Sessanta, disdegna il latte crudo e i formaggi di malga in nome del metodo Uht.

Esemplare il destino dell'Ernesta, una contadina gentile che, trovandosi poco a poco senza più clienti, si vide costretta a vendere le sue due mucche. Il «baracchino», un contenitore in alluminio da un litro e mezzo in cui le mani callose dell'Ernesta versavano il latte appena munto, resta nella mia cucina come cimelio di un'infanzia solo parzialmente scremata del gusto.

La guerra fredda e l'insalata russa

L'insalata russa, in tempi di guerra fredda, con gli americani che ci arredano casa piazzando basi militari qua e là come comodini, regala ai menu casalinghi un brivido da 007 (prefisso telefonico internazionale dell'ex Unione Sovietica, *by the way*). Chi si ricorda più che l'insalata russa appartiene alla tradizione ottocentesca degli antipasti monumentali? E soprattutto, che non è russa per niente? Nell'Unione Sovietica esiste un'insalata di patate che somiglia vagamente all'originale italiano, ma senza la molteplicità delle verdure sbollentate, e con la patata a pezzettoni, non a dadini come da noi. In secondo piano anche le *querelles* sull'origine: inventata da un cuoco piemontese alla corte sabauda per un pranzo in onore di dignitari russi, o da uno chef francese in servizio all'Ermitage?

Nella sua diffusione verso il basso, dalla reggia sabauda o dalle steppe che sia, l'insalata russa perde qualche ingrediente nobile (caviale, aragostine, tartufi) e si zavorra di patate. Si insaporisce in povertà con capperi e acciughine. Negli anni Sessanta la ricetta raggiunge l'apice della popolarità: non c'è rosticceria deluxe che non la esponga nella vetrina refrigerata, spesso ricoperta di uno strato di gelatina e decorata con carote, zucchine, capperi, uova sode. Si farciscono di insalata russa gli involtini di prosciutto, successivamente coperti di gelatina, considerati un antipasto molto chic. Le signore milanesi vanno a comprarli da Peck e poi fingono di averli preparati loro. Rispetto all'esecuzione casalinga, si formano due scuole di pensiero: da un lato le massaie vecchio stampo, degne nipoti dell'Artusi, che lessano separatamente ogni singola verdura e attendono personalmente alla manifattura della maionese, non senza prima aver verificato temperatura dell'uovo, della ciotola e dell'olio; dall'altro lato le «innovatrici» cedono alle lusinghe dell'industria alimentare acquistando la maionese in barattolo e i piselli in scatola, o surgelati. Naturalmente i due schieramenti si guardano con reciproco sospetto: è la guerra degli antipasti freddi.

E la barchetta va, controcorrente...

Negli anni Sessanta, George Clooney portava i calzoncini corti e i party si chiamavano ancora festicciole a casa, o intrattenimenti o, al Sud, «trattenimenti» (variante linguistica non propriamente corretta, forse dovuta all'ospitalità squisita dei meridionali, che considerano un dovere dei padroni di casa il trattenere l'invitato che accenna ad accomiatarsi). Il *finger food* non ha ancora il nome made in Usa che lo renderà così sexy; la gente non ha ancora masticato il galateo a sufficienza per godersi la trasgressione di mangiare con le mani: chi lo fa è maleducato, punto e basta.

La barchetta, però, va controcorrente. L'involucro di pasta brisée coi bordi ondulati, variamente farcito con gamberi, sedani, senape, maionese, insalata russa, pollo, champignon, béchamel (che qualche anziana signora chiama ancora, come l'Artusi, «balsamella»), figura in ogni ricevimento che voglia mostrare una certa classe. A essere sinceri, il ripieno è quasi sempre insipido, aggettivo che viene educatamente sostituito con l'eufemismo «delicato», complimento rivolto alla padrona di casa, rea di aver confezionato le barchette con ripieni di fantasia letti su una rivista dalla pettinatrice. Quasi tutti preferiscono le festicciole in cui vengono servite lasagne al forno, ma per lo più trovano inelegante ammetterlo, e fanno finta di non seccarsi quando il ripieno tremulo della barchetta si suicida fragorosamente su cravatte, bluse di seta, punte di scarpe nuove o lucidate come nuove.

Cucinino versus cucina americana

L'American way porta con sé una ventata di interior design che traduce il country in rustico (e farà la ricchezza del Nordest con le cucine componibili). La cucina componibile, detta all'americana, conferisce un fascino sartoriale al mobile standardizzato. Per molti, però, è ancora troppo moderna, e pure un po' disdicevole, dato che il disordine resta in vista. Per il momento, il dogma della pia casalinga italica impone di non farsi cogliere con la cucina in disordine, e tra le modifiche più gettonate nelle costruzioni dei nuovi appartamenti c'è il muro di mattoni che crea due ambienti diversi, separando il tinello dal cucinino. La parola tinello si estingue per disuso nei decenni successivi. Il cucinino è l'anticamera della morte della cucina: per lo più stretto e lungo, scomodissimo se deve ospitare più di una persona per volta, è concepito per sfaccendare velocemente ai fornelli, lasciare il disordine schermato dalla porta chiusa e venire via, senza patema d'animo, anche se i piatti sporchi sono ancora impilati nel lavandino. Negli annunci immobiliari si sottolinea il valore aggiunto del «cucinino abitabile» quando la larghezza è tale da poter ospitare addirittura un tavolino per 1-2 persone.

Il panino imbottito

Commistione dell'American way con i relativi sandwich e dell'atavica fame di Poldo Sbaffini, comprimario italiano nei fumetti di Braccio di Ferro, noto per la tendenza a sbafare panini a ufo, il panino imbottito approda persino sulle pagine di riviste bon ton come «La cucina italiana». Ce lo prepariamo la mattina per andare a scuola, in fabbrica, in ufficio. E siccome cominciamo a unire salute e alimentazione, dentro ci mettiamo la pizzaiola, pubblicizzata negli anni Sessanta come «la mozzarella della salute», che «piace e fa bene a tutti»: alla nonna «che per l'età richiede cibi delicati e leggeri, alla mamma, che per conservare la linea vuole alimenti non troppo grassi, al papà, che per lavorare non deve affaticare lo stomaco, ai bimbi, che la considerano più un premio che un alimento».

Il panino imbottito risveglierà la creatività dei bar nei decenni successivi. Il pane sarà sempre meno campagnolo e sempre più sottile, sino ad arrivare alla passione per il tramezzino. Ma ancora negli anni Settanta, il panino figura nei rinfreschi di nozze ruspanti, imbottito semplicemente di salame o soppressa. Nei rinfreschi di chi vuole distinguersi, invece, il panino è snobbato, a meno di non essere imbottito di salmone, in favore della pasta sfoglia, ormai disponibile pronta.

«In crosta»

Il filetto, il prosciutto, le beccacce: la ricetta di moda negli anni Sessanta è il secondo servito in crosta, che forse asseconda la tendenza ai sepolcri imbiancati, un po' come il cucinino col tinello: pazienza se, una volta aperta la crosta, la carne non è un granché. Visti da fuori, i secondi in crosta sono bellissimi! È il mito della famiglia felice degli anni Sessanta, che deve luccicare all'esterno: due figli, una casa di proprietà, un bel cucinino o una cucina all'americana, e un secondo di carne o addirittura pesce in crosta che cuoce nel forno.

Il diplomatico

Sarebbe femminile, perché è pur sempre una torta, ma trionfa nella versione mignon, e viene forse inteso come «trancio», al maschile. La difficoltà di esecuzione è alta e richiede una considerevole maestria nella preparazione della sfoglia, della torta, della crema al burro (la ricetta de «La cucina italiana» chiosa: «Chi può disporre di uno sbattitore lo usi, si risparmierà una non lieve fatica»). Principalmente per questo, il diplomatico resta una delizia da pasticceria, e non manca mai di impreziosire il vassoietto di pasticcini mignon, acquistati la domenica di ritorno dalla messa.

La cucina della ggente

Gli zii d'America

È negli anni Sessanta che si pongono le basi per il ritardo culturale della cucina italiana all'estero. Un esempio: la Francia esporta chef di professione, noi esportiamo emigranti in cerca di fortuna, che alla mala parata aprono una trattoria con le tovaglie a quadretti bianchi e rossi e le trecce di peperoncini e aglio appesi al soffitto. Negli Stati Uniti nasce così la cucina italo-americana, una forma di cucina fossile ereditata dalla prima generazione di emigrati.

Come accade per il linguaggio, che nelle comunità espatriate si cristallizza al momento dell'arrivo, allo stesso modo la cucina degli emigranti italiani negli Stati Uniti d'America subisce una sorta di glaciazione. In America diventeremo famosi per gli spaghetti con le polpette (gnocchi di carne grandi come palle da tennis, ammarati in sughi di pomodoro forza otto su cui fluttuano spaghetti la cui cottura risulta a prova di dentiera della nonna); per le fettuccine Alfredo (panna, piselli, prosciutto, funghi e avanzi vari di cucina); e per la chicken parmigiana, un'esperienza vagamente assimilabile a una parmigiana senza melanzane servita direttamente insieme al secondo, incorporato sotto forma di stopposi pezzi di petto di pollo. Il concentrato di pomodoro macchia ogni piatto come un regolamento di conti a Little Italy.

Per anni, anzi decenni, gli americani penseranno che quella è la cucina italiana, e resteranno stupiti, talvolta delusi, nei loro viaggi nel Belpaese, apprendendo che noi gli spaghetti li mangiamo al dente, e che le fettuccine Alfredo e la chicken parmigiana non esistono. Solo nel 1985 Arrigo Cipriani porterà a New York il tiramisù,[1] insieme al carpaccio e al Bellini, risollevando le sorti della ristorazione italiana (o simil-italiana) all'estero.

Una storia italiana: Giannino

Negli anni Sessanta, la Milano bene si mette in fila per andare a cena da Giannino. Un po' è perché ci vanno Gregory Peck, Ava Gardner, e pure Ian Fleming, creatore di James Bond. Si entra in un salone con il camino verde, si passa nella sala con le ceramiche blu, si scopre quella in stile inglese, che all'epoca non si chiama ancora «il privé», ma è ufficialmente dedicata ai banchetti. Solo sessant'anni prima, Giannino era una fiaschetteria toscana ubicata nel cuore di quella che allora era la periferia «sporca» di Milano: porta Vittoria. Giovanni Bindi l'aveva aperta nel 1899, trasferendosi a Milano dalla Toscana con moglie e quattro figli.

Da Giannino si mangiava bene, trippa alla fiorentina, baccalà fritto il venerdì, un bicchiere di Chianti (il concetto di calice a stelo era ancora sconosciuto alla ristorazione popolare). Poi, piano piano, arrivano i signori, si fermano

---

[1] Nel pur esauriente *L'arte della pasticceria*, pubblicato da Sansoni nel 1971, il tiramisù è ancora totalmente ignorato. Dilagherà tra le ossessioni culinarie degli italiani solo negli anni Ottanta.

le carrozze. È Cesare Bindi, il figlio di Giovanni, che fa «esplodere» il locale. Milano si espande e via Sciesa non è più così Far West. Arrivano i divi, che all'epoca non si chiamano ancora star. Tutta Milano vuole avere un tavolo, per farsi vedere, per dire che ci si è stati. Giannino trascende se stesso e diventa, più che un ristorante, una vetrina dove esporsi.

La famiglia Bindi però non dimentica che la sua fortuna l'hanno fatta gli abitanti del quartiere; i poveri si mettono in coda dopo la chiusura al pubblico, per vedersi distribuire gli avanzi della giornata; il 24 dicembre, poi, si siedono a tavola e vengono serviti, come commendatori, per la cena della vigilia.

L'ascesa di Giannino, che diventerà «il ristorante del Milan», è prevedibile come un andamento ellittico. Dopo un periodo di splendore e declino, il locale chiude nel 2003; il marchio Giannino verrà acquistato nel 2006 da un calciatore e da un ex cuoco egiziano insieme a un paio di investitori milanesi, ma quella sarà una nuova storia. Negli anni Sessanta, Giannino è il posto dove vedere e farsi vedere. È una vicenda tipicamente italiana: la prima generazione viene dalla provincia, lavora sodo; la seconda generazione consolida e ingrandisce, la terza vive variamente di rendita sulla leggenda ormai costruita. È così che in tutto il paese decine di buone osterie diventano da una generazione all'altra ristoranti famosi dove si va per ragioni di prestigio, indipendentemente dalla cucina. Di Giannino, un celebre critico dirà: «Non ci si è mai mangiato bene». Ma negli anni del boom, non è questo che importa. Quello che molti critici non ammetteranno mai è che ci sono ristoranti dove non si va per mangiare.

Buon compleanno con la Petit Four!

Il frigorifero, a metà degli anni Sessanta, ce l'ha una famiglia su due,[1] anche solo per non fare brutta figura coi vicini che vengono in visita e con il parroco che viene a benedire la casa e metti che chieda un bicchiere d'acqua e che entri in cucina, che figura ci si fa a non avere il frigo; ma usarlo per refrigerare i cibi, pare ancora peccato. È così bello vuoto, pulito, senza odori! E poi la parca casalinga italica, all'epoca, teme di consumare troppa corrente disponendo al suo interno dei cibi. Ci vorranno decenni per assimilare il concetto che il frigorifero consuma di meno quand'è pieno. Per il momento, le torte che non necessitano di refrigerazione sono preferite rispetto alle altre, dato che lasciano l'elettrodomestico nuovo di zecca, sgombro e spazioso.

Per queste pratiche ragioni, negli anni Sessanta le candeline si infilano sul rivestimento di pasta di mandorle della torta Petit Four. La base è una frolla sottile spennellata con gelatina di albicocche, su cui è posato un pandispagna irrorato di bagna al liquore, spalmato con altra gelatina per far aderire il rivestimento di pasta di mandorle, che viene abilmente «pettinato» dal pasticciere in riccioli o griglie incrociate.

---

[1] Si veda Guido Crainz, *Il paese mancato*, Donzelli, Roma 2003: la percentuale di famiglie con il frigorifero arriverà all'89 per cento nel 1975.

Non può mancare la ciliegina sulla torta, specie quando la pasta di mandorle forma una griglia come la crostata. Per qualche motivo che ha a che fare con il magico mondo dei coloranti alimentari, esistono ciliegine rosse e ciliegine verdi. Alternate sul biancore della pasta di mandorle solo leggerissimamente imbiondita dal forno, l'alternanza verde-rosso delle ciliege rende quanto mai patriottico spegnere le candeline sulla Petit Four.

Le ciliege verdi subiranno un duro affronto dalla lotta ai coloranti attuata negli anni Settanta. Quelle rosse perderanno la brillantezza semaforica, ma resteranno in auge. La Petit Four resisterà al tempo in formato pasticcino, senza strato di pandispagna e senza bagna liquorosa, solo con una mezza ciliegia per orpello, nelle pasticcerie di vecchia scuola che non si vergognano di offrire dolci dall'aspetto *fané*. A Roma, una vecchia pasticceria di via del Portico d'Ottavia propone la Petit Four sotto falso nome facendone un long seller che supera addirittura la boa del millennio.

Le mamme autarchiche non vanno dal pasticciere: preparano la torta di compleanno in casa, «che tanto viene uguale». È quasi sempre un disastro, anche se i familiari danno prova di una solidarietà omertosa. Il pandispagna lievita in forno formando una bozza che spinge la cupola del dolce di lato, come se l'avesse lambita una mareggiata; la crema pasticciera, quando non è troppo liquida, è troppo densa (per correggerla, la casalinga maldestra aromatizza al cacao quella che è già troppo densa); gli strati di pandispagna affettati «a occhio» risultano sghembi, cominciano troppo spessi per terminare trasparenti o bucati; la bagna ha troppo liquore o troppo zucchero, e comunque finisce tutta sul fondo, lasciando gli strati superiori asciutti come spugne; la crema densa non si spalma bene, quella liquida cola da tutte le parti, e la casalinga improvvida trascura di lasciarne un poco da parte per la decorazione del dolce, che viene ornato *in extremis* con panna montata lì per lì e fragole o altra frutta a fette disposta alla bell'e meglio. Il risultato è quello che è (la frutta si ossida subito, la panna chiazzata di fragole è inguardabile), ma in fondo gli ingredienti sono genuini, e il pandispagna della mamma male non fa. Buon compleanno!

Un decennio passato a bere

Gli anni Sessanta sono arrosati dal Pinot Grigio. Piace moltissimo agli stranieri, che lo trovano facile da pronunciare e lo importano in quantità industriali. Per decenni, insieme al Chianti, sarà «il» vino italiano all'estero, anzi, sarà l'alternativa bianca al Chianti. Il Pinot Grigio segna il processo in corso di raffinamento dell'Italia a tavola: chiediamo un bianco perché è più leggero, perché con il boom economico stiamo cominciando a mangiare pesce più spesso, e anche perché, esterofili come siamo, Pinot pronunciato con l'accento sulla o e senza far menzione della t finale fa così francese: i più preparati tra noi sanno persino che il Pinot è tra le uve che compongono il blend dello Champagne, pazienza se non c'entra il Grigio ma solo il Noir e il Meunier, sempre Pinot si chiama. L'aggettivo grigio evoca occhi misteriosi, e tanto basta per ordinarne bottiglie e casse. Come canta Paolo Conte: «Il vino bianco è fresco e va giù bene come questo cielo azzurro su di noi».[1]

Il successo, come spesso avviene, ha un costo patologico, e nel caso dei vini è ravvisabile nell'abbassamento della qualità a favore della quantità prodotta.

---

[1] In *Wanda*, 1974 («Andiamo al ristorante in riva al mar, mi han detto che fan bene da mangiar»).

Nel frattempo, la Dolce Vita porta il jet set internazionale a Roma; noi stiamo a guardare cosa ordinano i divi e li copiamo. Chiediamo i cocktail facili da pronunciare, *in primis* il Manhattan, la cui fortuna sta soprattutto nello scenario evocato dal nome: modernità, energia, trasgressione. E poi il Martini, cocktail per uomini veri, come il James Bond di Ian Fleming, che lo chiede, ormai leggendariamente, «*shaken, not stirred*» (shakerato, non mescolato). Il Martini segna una temporanea supremazia russa nella guerra fredda, ma è solo questione di apparenza: negli anni Cinquanta e Sessanta, negli Stati Uniti, è in auge il «3 Martini lunch», vale a dire che gli executive pranzano con nove olivette (tre per ogni Martini), poi tornano rapidi al lavoro. Ma non sta bene rientrare in ufficio con l'alito aromatizzato al gin, e il rimedio è sostituirlo con la vodka, che non lascia tracce; negli anni Sessanta per la prima volta negli Usa il consumo di vodka supera quello del gin. Pedissequi, e forse per analoghi motivi, adottiamo la vodka pure noi, peraltro fieri della leggenda che vuole il cocktail più famoso del mondo inventato da un certo signor Martini, barman originario di Arma di Taggia. Dall'America arriva anche la regola che «un Martini è troppo, due sono pochi, tre sono giusti». Ci vuole un fisico bestiale per affrontare tre Martini. Lapidario il commento di un anziano e saggio barman: «È vero. Però, quando pasteggiavamo a Martini, mandavamo l'uomo sulla Luna... Poi abbiamo cominciato a bere Chardonnay, e guarda come ci siamo ridotti...».

Chi non ha il *physique du rôle* per il Martini può comunque sentirsi *à la page* sorseggiando un Crodino, prudentemente analcolico, oppure un Biancosarti (che «mette il fuoco nelle vene», corroborando un'immagine di sé quanto mai virile rappresentata nelle pubblicità dal tenente Sheridan) o un Aperol, che all'epoca si serve nel bicchiere bagnato e bordato di zucchero (considerato eretico e anti-igienico di lì a un paio di decenni), e piace alle signore.

La mixologia, scienza applicata che negli anni Sessanta si esprime nei bar degli hotel frequentati dalla Dolce Vita, tenta persino di realizzare l'unità d'Italia, che è sempre stata un concetto un po' vacillante, tanto più ora che siciliani, pugliesi, calabresi, lucani, campani emigrati in massa a Torino e Milano si vedono rifiutare appartamenti in affitto con la postilla «No meridionali». Il «Garibaldi», in omaggio all'eroe dei due mondi, vuole essere il cocktail delle due Italie, sposando nel bicchiere il milanesissimo Campari con il succo appena spremuto delle arance siciliane. Sarà un fiasco, perché per risparmiare tempo, lavoro e denaro si tenderà a sostituire la spremuta di arancia con succo concentrato o aranciata amara. Ma se si trova un barman che fa un Garibaldi ben fatto, il gusto è illuminante: è l'equilibrio e l'armonia che potrebbero regnare nel paese, a saperlo orchestrare. Il Garibaldi sopravvivrà alle mode solo grazie al doppio passaporto, usando il nome inglese, Campari Orange. Un nome tautologico che si limita a citare gli ingredienti, lasciando in ombra il mancato intento unitario.

Mangiamoci su
Menu vintage anni Sessanta

Come i copisti medievali, ho tramandato senza editare: prosa e punteggiatura sono riportate esattamente come nelle fonti, citate alla fine di ogni ricetta.

Insalata russa

Siamo franchi: l'insalata russa di per sé è bruttina, color vomito vegetariano (specialmente se si è tirata troppo in lungo la cottura delle verdure). Quello su cui le massaie impazzano è la «guarnizione»: decorazioni a petalo di margherita, copertura con la gelatina, giochi con tartufi, chi più ne ha (e può) ne metta. Fa quasi dispiacere affondarci dentro il cucchiaio per servirsene.

Ingredienti:
piselli, g 300,
cavolfiore, circa g 200,
due uova – un bicchiere d'aceto – tre patate – due carote – un sedano – una barbabietola – sale

Per la maionese:
due uova – un bicchiere d'olio – un limone – sale

È un piatto molto appetitoso e di grande effetto; si può servire come antipasto ed è adatto anche per accompagnare piatti di mezzo.

Pulire, lavare e lessare in acqua bollente salata, in cui è stato aggiunto un po' d'aceto, il cavolfiore, le patate, le carote e il sedano.

Sgranare i piselli.

Quando le verdure saranno quasi cotte (circa 10 minuti prima), unire i piselli.

Con l'olio, le due uova, il succo del limone e il sale, preparare una maionese. Il quantitativo dell'olio non è fisso. Se ne possono mettere anche due bicchieri.

Rassodare due uova.

Quando tutte le verdure saranno cotte, scolarle, tagliarle a dadini, metterle in una insalatiera, unirvi metà della maionese e mescolare bene. Con una forchetta livellare tutta la superficie.

Versare sopra a tutto la maionese rimasta.

Per la guarnizione tagliare l'albume di un uovo sodo per il lungo a spicchi sottili: si avranno così i petali della margherita; poi prendere due stampini, uno grande e uno piccolo: per il fiore grande tagliare la barbabietola e per il piccolo l'albume dell'uovo cotto rimasto.

Se non si serve subito, tenere al fresco.

«La cucina italiana», aprile 1962

Panini imbottiti al formaggio per antipasti

Il metalmeccanico panino viene riabilitato e ammesso in società, in occasione di ricevimenti e aperitivi. La ciliegina verde o rossa infilzata nello stecchino è un elemento di modernariato che contribuisce a datare la preparazione, come un carbonio radioattivo gastronomico.

Ingredienti:
farina bianca, g 500
fontina, circa g 200
burro, g 100
lievito di birra, g 10
un uovo – circa mezzo litro di latte – sale

Mettere circa g 50 di farina in una tazza, unire il lievito sbriciolato e farlo sciogliere con poco latte tiepido, poi impastare il lievito alla farina unendo tanto latte tiepido quanto basti per avere una pasta morbida. Fare con essa una pallottolina, metterla in una pentola piena di acqua tiepida e lasciarvela sino a che sarà venuta a galla. A lievitazione avvenuta mettere sulla spianatoia la rimanente farina ed un cucchiaino di sale fino, fare la fontana, mettervi in mezzo il burro ammorbidito ed il panetto lievitato, impastare, unendo tanto latte tiepido quanto basti per avere una pasta piuttosto morbida: lavorarla energicamente per qualche minuto poi farc con la pasta una palla, metterla in una zuppierina infarinata, farvi sopra due tagli in croce, ricoprirla con un tovagliuolo e rimetterla in luogo tiepido, lasciandovela sino a quando sarà aumentata quasi del doppio.

Versarla allora sulla spianatoia, lavorarla per qualche minuto, poi dividere la pasta in pezzi, stendere questi sotto le mani aperte, facendo un lungo cilindro, indi tagliarlo a pezzi grossi circa come una noce. Di mano in mano che sono pronti, metterli sulla placca del forno leggermente imburrata ed a lavoro ultimato porre la placca in luogo tiepido lasciando lievitare i panini. A lievitazione avvenuta, rompere in una tazza l'uovo e sbatterlo un poco, poi usando una pennellessa indorare i panini, mettere la placca in forno molto caldo (250° sul termostato) lasciandovela per circa dieci minuti non di più. Tagliare a fettine non troppo sottili il formaggio. Appena i panetti saranno cotti (una prolungata cottura li farebbe divenire troppo secchi) levarli dal forno e con un coltello molto affilato tagliarli a metà e farcirli con il formaggio.

Rimetterli sulla placca del forno ancora per uno o due minuti, indi accomodarli sul piatto di portata ricoperto da un tovagliolino, decorarli con qualche ciliegina rossa o verde e servirli ancora caldi, sono ottimi. [...] Potete anche farcirli con prosciutto sia crudo che cotto, pollo, ecc...

«La cucina italiana», settembre 1961

Filetto in crosta

Un piatto per stupire gli ospiti, prima ancora che con le doti culinarie della padrona di casa, con la disponibilità del borsellino che contiene di che pagare un chilo, dico un chilo, di filetto di manzo. Si noti altresì l'approccio sbrigativo nelle istruzioni per preparare la sfoglia, operazione la cui padronanza è data per scontata all'epoca.

Un filetto di manzo, circa 1 kg
burro, g 500
farina bianca, g 250
funghi di coltura, g 250
lardo, g 100
prezzemolo, g 30
un tartufo bianco – un uovo – cognac – sale – pepe

Con la farina ed altrettanto burro preparare una pasta sfoglia.

Tagliare il lardo a striscioline larghe circa mezzo cm e lunghe 6 cm, lardellare il pezzo di filetto indi con uno spago incolore legare la carne affinché cuocendo rimanga in forma. Porre a fuoco in un tegame, largo quanto basti per farvi stare il filetto, circa 30 g di burro; appena sciolto accomodarvi il filetto di manzo, salarlo, peparlo e lasciarlo rosolare rigirandolo da una parte e dall'altra, bagnandolo di tanto in tanto con poco cognac. Quando la carne si sarà colorita porre il recipiente in forno già caldo (190° sul termostato) lasciandovelo per circa 20 minuti, rigirando e bagnando la carne con il sugo che si sarà formato nel recipiente.

A cottura ultimata levare la carne dal forno e lasciarla raffreddare.

Mondare, lavare e tritare il prezzemolo. Pulire accuratamente i funghi, con un coltellino raschiare la terra che vi fosse eventualmente rimasta aderente, lavarli bene, asciugarli e tagliarli a fettine sottili.

Porre a fuoco in un tegame il rimanente burro, appena sciolto mettervi i funghi, salarli, peparli e lasciarli cuocere per qualche minuto poi unire il prezzemolo tritato, rimescolare e finire di cuocere. A cottura ultimata togliere il recipiente dal fuoco e lasciare raffreddare i funghi.

Trentacinque minuti prima di servire la carne levare dal frigorifero la pasta e dividerla in due pezzi, con il matterello stenderli formando due rettangoli lunghi e larghi in modo sufficiente per avvolgervi il pezzo di carne. Stendere sulla placca del forno un pezzo di pasta, versarvi al centro la metà dei funghi e spolverizzare questi con la metà circa del tartufo (si intende precedentemente ben pulito). Accomodare sui funghi il pezzo di carne (al quale si sarà tolto in precedenza lo spago), sistemare sulla carne i funghi rimasti e tutto il tartufo, sempre tagliato a fettine sottili. Avvolgere la pasta attorno alla carne, porre su questa la seconda sfoglia ed indorarla con uovo sbattuto. A lavoro ultimato la carne dovrà essere tutta bene avvolta nella pasta. Tagliare la pasta che abbonda e con un tagliapasta ricavare delle decorazioni mettendole poi sulla sfoglia che ricopre la carne: indorare tutto con l'uovo sbattuto. Con un piccolo coltellino appuntito o con un tagliapaste fare al centro della pasta un foro che servirà per fare uscire il calore che si formerà cuocendo. Porre la placca in forno già caldo (185° sul termostato) lasciandovela per circa venticinque minuti, sino a quando la sfoglia sarà divenuta ben gonfia o dorata.

A cottura ultimata accomodare il filetto al centro di un piatto ovale di portata, sistemare attorno alla carne, alternandoli, delle piccole crocchette di patate, cimette di cavolfiore al burro, carciofi trifolati ed altro e servire subito.

«La cucina italiana», gennaio 1961

Prosciutto in crosta

Monumentale ed eroica, questa ricetta è l'ideale per la padrona di casa dei primi anni Sessanta, in cerca di applausi e consensi, costi la fatica che costa.

Un cosciotto di maiale di circa kg 5
farina bianca circa g 500
burro, circa g 450
una bottiglia di spumante secco
estratto di carne – un gambo di sedano – una cipolla – un chiodo di garofano – una grossa carota – senape – un uovo – sale – pepe

Mettere il cosciotto a bagno in acqua salata lasciandovelo per circa 24 ore, poi scolarlo e metterlo a bagno in acqua fredda non salata, lasciandovelo per circa tre ore. Mentre il cosciotto è a bagno nell'acqua salata, con g 400 di burro ed altrettanta farina preparare una pasta sfoglia.

Circa otto ore prima di cucinare il cosciotto toglierlo dall'acqua ed asciugarlo. Mondare, lavare e tagliare a fettine sottili cipolla, sedano e carota e mettere il ricavato in una larghissima casseruola ovale. Con un coltello molto affilato tagliare al prosciutto in superficie tutta la pelle lasciandovi attaccata la sola parte grassa, accomodare il cosciotto così preparato sulle verdure che sono nella casseruola, unire anche la pelle che è stata tolta e bagnare la carne con tutto lo spumante, aggiungere il chiodo di garofano e mezzo litro d'acqua nella quale si sarà sciolto un cucchiaino di estratto di carne, salare e pepare, incoperchiare il recipiente e porlo su fuoco moderato (non eccessivamente basso) lasciandolo cuocere per circa cinque ore, irrorandolo di tanto in tanto con il sugo che è nel recipiente. Dopo circa quattro ore che il cosciotto cuoce alzare la fiamma facendo in modo che la carne possa colorirsi; a cottura ultimata levarlo dal recipiente, metterlo su un piatto e lasciarlo raffreddare, o almeno intiepidire, poi con un coltello affilatissimo tagliarlo, in sbieco, a fettine sottili badando di non smuoverle, indi riunirle ricomponendo il cosciotto, dandogli così la primitiva forma e metterlo su una placca. Mentre si raffredda filtrare il sugo rimasto nel recipiente e sgrassarlo accuratamente e versare il sugo ricavato in una casseruolina pulita. Impastare con circa 50 g di burro un cucchiaino di farina bianca ed un cucchiaino di senape.

Con il matterello stendere la pasta sfoglia facendo una sfoglia larga quanto basti per ricoprire il prosciutto. Avvolgere la pasta sul matterello poi svolgerla sul cosciotto e con le mani molto fredde farvi aderire la pasta mandandola anche un poco sotto. Ritagliare poi la pasta eccedente e con gli avanzi fare delle decorazioni a piacere applicandole sulla pasta.

Rompere l'uovo in una tazza, con una forchetta sbatterlo un poco poi usando una pennellessa lucidare con esso la pasta. Porre la placca in forno già caldo (185° sul termostato) lasciandovela per circa 35 minuti. Quando la pasta sarà ben dorata e ben cotta (se si toglie poco cotta dal forno poi si sgonfia) levare la placca dal forno ed accomodare il cosciotto sul piatto di portata. Cinque minuti prima porre a fuoco il sugo filtrato che è nella casseruolina, unire il burro preparato amalgamandolo bene e far bollire per qualche minuto, poi versare la salsa in salsiera e servirla con il prosciutto in crosta.

«La cucina italiana», dicembre 1960

Galantina alla Bergese

Nino Bergese era un cuoco famoso negli anni Sessanta, aveva prestato servizio dai Savoia e poi aveva aperto il suo locale a Genova. Era amico degli Alciati, tanto che al ristorante Guido da Costigliole Lidia Alciati, nei primi anni del 2000, preparava ancora il raviolo al tartufo secondo i dettami di Bergese, in omaggio al grande cuoco scomparso.

Negli anni Sessanta, la galantina è ritenuta un piatto molto elegante, perfetto per i pranzi importanti (anzi, le colazioni, come dice all'epoca la buona borghesia: chi chiama pranzo il pasto di mezzogiorno è un metalmeccanico o un agricoltore).

Si noti che Bergese dà per scontato che la massaia provveda da sé a spennare il cappone, e che ogni cucina di casa in Italia sia provvista di pepe di Tellicherry. Non fa stupore l'aneddoto, riferito da testimone oculare, secondo cui le signore della Milano bene andavano a comprare la galantina da Peck e poi fingevano di averla preparata in casa. Quando cominciarono a circolare versioni «vulgate» semplificate di questo piatto di bravura, Bergese, sdegnato, inviò alla redazione de «La cucina italiana» la ricetta che segue. Per lui l'unica, inimitabile, imprescindibile.

Spennate un cappone del peso di circa 1,5 kg, bruciacchiatelo per togliergli la peluria, pulitelo bene e poi lavatelo accuratamente e ripetutamente in abbondante acqua, indi asciugatelo poi disossatelo. Per fare ciò mettete il cappone sul tagliere con il dorso in alto, poi con le forbici tagliate la pelle del collo due dita sotto alla testa indi partendo dal taglio fatto tagliate la pelle e la sottostante carne, arrivando sino alla estremità opposta, poi con un coltellino staccare tutta la carne (non la sola pelle) dalle ossa, disossando anche le ali e le cosce, badando nel modo più assoluto di non scheggiare le ossa, indi mettete a parte lo scheletro e stendete il pollo disossato sul tagliere (la pelle sarà a contatto di questo).

Con 500-600 grammi di polpa magrissima di vitello, assolutamente priva di nervetti o cartilagini, preparate un impasto ben sminuzzato e poi passatelo al setaccio. Aggiungete 100-150 grammi di prosciutto crudo tagliato a cubetti, 150-200 grammi di lingua salmistrata, pure tagliata a dadolini di circa 2 centimetri cubici, 100 grammi di tartufi bianchi d'Alba ben sminuzzati, un bicchiere di panna liquida, 50 grammi di pistacchi freschi pelati, mezzo bicchiere di Marsala secco, mezza noce moscata grattugiata, sale e pepe di Tellicherry.

Amalgamate molto bene il tutto e versate l'impasto al centro del cappone facendo un polpettone poi avvolgetelo ben stretto nel cappone indi legatelo in più punti nel modo consueto o, meglio, incartatelo in un foglio di stagnola poi fermatelo con lo spago. Lasciate riposare il cappone ripieno in un luogo fresco per circa dodici ore, poi mettetelo in un tegame ovale abbastanza profondo, nel quale sarà stato fuso con burro un po' di grasso di rognone di vitello (il condimento è necessario, perché è un buon conduttore di calore).

Mettete, dunque, il tegame a forno moderato, già preparato sui 180°. Fate cuocere per un'ora o poco più, avendo l'avvertenza di rivoltare il cappone dopo mezz'ora. A cottura ultimata, fate raffreddare la galantina in luogo fresco per 12 ore poi mettetela per altre 12 ore in frigorifero. Non occorre assoggettare questa galantina ad una pressione, come di solito si fa con le galantine cotte a bollore. Se servite la galantina ancora tepida, tagliatela a fettine di circa 5 millimetri di spessore; se la servite fredda, tagliatela a fettine di 3 millimetri. Il ripieno sarà piacevole a vedersi, cosparso di disegni a mosaico (lingua e prosciutto), di punti bianchi (tartufi) e verdi.

Ricetta del cuoco Nino Bergese

La Petit Four

Gettonatissima nei compleanni della buona società, la torta Petit Four altro non è che un disco di pandispagna irrorato di bagna al liquore, spalmato di gelatina di albicocche e ricoperto da una griglia di pasta di mandorle (la stessa con cui si preparano i petits fours *di piccola pasticceria).*

Per la preparazione della torta Petit Four, il procedimento è analogo a quello descritto nella ricetta, solo che i pasticcini di pasta di mandorla si spremono direttamente sulla torta, costituita da un disco di pandispagna irrorato di bagna al liquore, spalmato con gelatina di albicocca.

Pestate nel mortaio 200 g di mandorle dolci sbucciate, bagnate con una goccia d'acqua perché non abbiano a far l'olio, aggiungete un po' per volta 350 g di zucchero, poi gli albumi di 2 piccole uova fresche ed una presa di vaniglina.

Lavorate bene il composto col cucchiaio di legno finché otterrete una pasta uguale che non scappi. Collocate sulla lamiera un foglio di carta bianca leggermente unta; mettete la pasta nella *poche* con cornetto a stella piuttosto grande e spremete a giusta distanza sulla carta dei ciuffi di pasta che abbiano il diametro di circa 3 cm.

Guarnite questi pasticcini al centro nei modi che seguono:
– mezza ciliegia candita;
– una piccola losanga di cedro candito;
– una mandorla dolce sbucciata e rosolata prima in padella;
– una nocciola preparata come la mandorla;
– mezza noce;
– un chicco di uva malaga.

Prima di collocare i *petits fours* al forno pennellateli leggermente coll'albume d'uovo, spolverate di zucchero cristallizzato, e cuocete al forno moderato per 12-14 minuti.

Giuseppe Oberosler, *Il tesoretto della pasticceria e della dispensa*, Hoepli, Milano 1960

Anni Settanta

Gli anni caldi della lotta politica: quando a tavola ci si infervorava ancora sul socialismo reale, quando le fiamme che si levavano in strada si edulcoravano nella vampata effimera di un ananas flambé sul desco delle famiglie borghesi, satolle e succubi della strategia dell'ipertensione.

La strategia dell'ipertensione

Dopo la parabola ascendente, ecco quella discendente: vuoi per la crisi economica, vuoi per la crisi di coscienze, gli anni Settanta registrano l'intersezione tra la riluttanza degli ultimi cattolici convinti, che dalle lezioni di catechismo ancora ricordano a memoria l'elenco dei vizi capitali (che includono la gola), e la riottosità dei giovani contestatori, che assimilano la buona cucina alla cultura borghese contro cui sono impegnati a lottare.

Ciò non impedisce che a inizio decennio finalmente il Sud dia segni di emancipazione, consumando come il Nord, anche se ufficialmente guadagna meno della metà. A osservare con attenzione, però, è possibile individuare nel Mezzogiorno un settore in espansione: è la mafia, che ha appena scoperto l'eroina e introduce alcune vantaggiose innovazioni nel processo di raffinamento. Quel che non uccide, ingrassa: e difatti una delle principali attività per ripulire il denaro sporco dell'eroina è l'apertura di ristoranti, al Nord e all'estero. Niente alta cucina, si mira ai grandi numeri, puntando sulle pizzerie e sulla potenza del tre: il tris di primi, due paste e un risotto, variamente scotte le prime, precotto il secondo, è la *hit* del decennio e permette ai ristoratori di realizzare vaste economie di scala esaurendo le scorte nazionali di farfalle, formato di pasta destinato a una graduale estinzione, dovuta probabilmente all'impossibilità tecnica di impartirgli una cottura omogenea. Il successo del tris di primi verrà bissato, verso la fine del decennio, dal tris di antipasti affumicati: salmone, spada e qualche altra forma di vita marina o lacustre così insapore che passa nel palato senza lasciar traccia di sé.

Se il pranzo è importante, viene introdotto da un cocktail di scampi (questa la promessa ottimista del nome: più spesso sono gamberi, o gamberetti) e si chiude immancabilmente con lo sgroppino (sorbetto di limone shakerato con vodka o simile).

Sul versante pubblico, accantonate le furie censorie degli anni Sessanta, il leitmotiv è lo scandalo. Sono anni in cui ci si scandalizza per tutto: persino perché Eugenio Cefis acquista con i soldi della Montedison un pugno di giornaletti da regalare ai suoi amici politici («Il Messaggero», «Il Tempo», «La Gazzetta del Popolo»). In effetti il suo predecessore, Giorgio Valerio, non aveva perso tempo coi giornaletti e aveva versato direttamente ai partiti 24 miliardi, inaugurando la stagione del regalo intelligente: così potevano comprarsi loro quello di cui avevano bisogno. Ci si scandalizza per l'Anas che fa aste truccate, per le tangenti pagate dall'Unione petrolifera italiana, per quelle della Lockheed, per i fratelli Caltagirone e l'Italcasse. La sensazione è che ci si scandalizzi per invidia, più che per moralità. Stranamente non ci si scandalizza quando i ragazzi cominciano a intingere le patatine fritte nella maionese. Le colpe dei padri si abbatteranno sui figli quando trent'anni più tardi dilagherà la patapizza.[1]

Nel 1972 entra alla guida del Pci Enrico Berlinguer, che modifica nell'opinione pubblica la percezione della dieta

---

[1] Si veda il paragrafo *La patapizza* nel capitolo *Le ossessioni culinarie nel primo decennio del nuovo millennio*.

di partito: i comunisti non mangiano i bambini, il dato sembra assodato ormai a tutti.

Trascorso il boom, l'American way lascia al suo passaggio i detriti dell'austerity: è così che ci piace chiamare la prassi di ridurre i consumi, specialmente petroliferi. La -y finale invece della -à con l'accento ingentilirà negli anni a venire concetti altrimenti ostici, che d'improvviso appariranno leggeri come un popcorn; la «stangata» invece resta tale, e nessuno prova a edulcorarla con desinenze esterofile.[2]

L'esproprio proletario è il modo più nuovo di fare la spesa nei grandi magazzini: naturalmente generi alimentari e alcolici sono i più gettonati, ma non si disdegna di nutrire anche la mente con dischi e libri.

La trattoria diventa luogo di scambio appassionato di opinioni politiche. Ci si va per parlare mangiando, e la scelta di quale dei due verbi mettere al gerundio è significativa, anche perché di lì a un paio di decenni si ribalterà (e dopo un altro po' ci si andrà solo più per mangiare, in religioso silenzio).[3]

Tra autonomi, estremisti di destra, di sinistra, criminali variamente organizzati, partiti politici poco etici, governi di solidarietà nazionale, è chiaro che l'Italia è come una maionese che non sta insieme, l'incubo di ogni casalinga che si accinga a preparare l'insalata russa. Guarda caso, il decennio vede la progressiva diffusione della maionese già

---

[2] Si veda Simona Colarizi, *Storia del Novecento italiano*, Bur, Milano 2000, p. 442. Nel 2011 la desinenza in -y si rivelerà efficace anche per ingentilire il verbo «ruba».
[3] L'aspetto conviviale della cena è ancora centrale nei primi numeri del «Gambero Rosso» (nella seconda metà degli anni Ottanta), dove il focus non è tanto sul cibo quanto sulla conversazione intrattenuta a tavola fra protagonisti del mondo letterario, politico e culturale.

pronta in barattolo,[4] che contribuisce forse ad alimentare
la severa critica delle Brigate rosse nei confronti del Sim
(Sistema imperialistico delle multinazionali, alcune delle
quali annoverano tra i propri prodotti maionese e altre
salse pronte).

Il compromesso storico ideato da Aldo Moro inquieta
molti, come un calderone in fondo al quale non si distin-
guono più bene le verdure e la carne, e uno teme sempre
di prendere il boccone sbagliato.

Gli anni Settanta sono anche la stagione della donna,
delle rivendicazioni femminili.[5] Dal Sessantotto, invece che
come angeli del focolare, le studentesse si propongono nelle
manifestazioni come ancelle del ciclostile.[6] La rivoluzione
femminile per uno Stato antiautoritario annega in cucina,
dove gli uomini si fanno chiamare chef (letteralmente:
«capo») mentre le donne restano cuoche, cioè esecutrici,
qualifica a cui risultano ancorate anche nel mondo del
lavoro, dove nel 1975 guadagnano il 12 per cento meno
degli uomini e svolgono mansioni più basse. È il famigera-
to «soffitto di cristallo». Curiosamente, verrà smantellato
con minore difficoltà in Confindustria. In cucina, benché
appannato dai vapori, resisterà molto più a lungo, creando
un divario apparentemente incolmabile tra l'alta cucina e
la cucina delle donne.

---

[4] La prima maionese in barattolo viene introdotta sul mercato nel 1961
e parte alla lenta ma inesorabile conquista delle famiglie italiane; alla
fine degli anni Settanta la si trova in un frigorifero su due.
[5] Franca Viola, precorritrice isolata al Sud, rifiuta il matrimonio ripa-
ratore in Sicilia già nel 1966.
[6] «La rivoluzione anticapitalistica è per le donne rivoluzione contro il
dominio maschile, nel matrimonio e nella famiglia, e inizia nel privato
rovesciando i rapporti quotidiani tra uomini, donne, bambini.» (Simona
Colarizi, *op. cit.*, p. 424.)

1973. Nasce la Nouvelle Cuisine

Nei primi anni Settanta, nei ristoranti *à la page* la guerra fredda è ormai superata. Il servizio «alla russa», «all'inglese», «alla francese» convivono in spensierate contaminazioni: il risultato è che non si sa mai da che parte arriverà il cameriere, che si materializza a destra o a sinistra secondo la scuola di pensiero del ristoratore di turno. Antipasti, primi, secondi, contorni e dessert vengono serviti nei vassoi da portata, e i camerieri (o lo stesso commensale se il servizio è alla francese) porzionano le vivande a piacere, riducendo i piatti a degli *action painting* che nemmeno Pollock, con espressionismi astratti fin troppo materici di salsa tonnata, insalata russa, grumi di ragù schiaffeggiati da beffarde pappardelle, e chi più ne ha più ne schizzi, in barba alle cravatte e ai décolleté, e con gran spregio del tovagliato di Fiandra.

Gli chef, che per il momento si chiamano ancora cuochi, spiano nascosti dietro le porte a battenti delle cucine, colpiti e affondati nel loro senso estetico, e soffrono in silenzio.

Negli anni Settanta si ribellano e cominciano a impiattare singolarmente: anche ordinando lo stesso risotto per quattro, il cameriere non presenta più il piattone con il cucchiaione, ma quattro piatti singoli guarniti con un ciuffo di prezzemolo e una punta di carota cruda tornita a fiore, che non si sa mai se mangiare o lasciare da parte. È il cosiddetto servizio all'italiana, poi diffusosi internazionalmente grazie anche a mafia, camorra e 'ndrangheta, che com'è noto reinvestono gli utili nella ristorazione in Europa e Stati Uniti.[7]

L'alta cucina, come pure l'alta moda, parla ancora francese.

---

[7] Si veda la strage del 13 agosto 2007 nel ristorante Da Bruno a Duisburg, in Germania, dove un clan della 'ndrangheta invade il ristorante del clan rivale.

Gault e Millau, autori dell'omonima guida dei ristoranti, impongono alla Francia, con ripercussioni per il momento solo europee – ma mondiali nel lungo periodo – la definizione di Nouvelle Cuisine, battezzata ufficialmente nel 1973. Gli chef francesi, e con loro quelli di mezza Europa, rivendicano la libertà di espressione e si svincolano dai vecchi canovacci di ricette classiche ormai codificate e imbalsamate (tournedos Rossini, filetto alla Woronoff, pollo Marengo, albicocche Colbert e via ottocentescamente dicendo). Con la Nouvelle Cuisine nasce la cucina del mercato e della freschezza, delle cotture brevi e dei condimenti leggeri, e il concetto di mangiare bene si dissocia da quello dell'abbondanza. È una cucina elitaria, intellettuale, che i prosaici poveri in spirito sbeffeggeranno così: «Uscire dal ristorante avendo pagato una schioppettata e senza nemmeno essersi tolti la fame».

I ricchi, tanto in spirito quanto in moneta, mostrano invece di gradire. La Nouvelle Cuisine prospera con il supporto di una casta di uomini d'affari illuminati. Sono gli anni in cui «l'uomo in forma» della pubblicità si ciba di prodotti *light*, e la donna in forma pure, pedissequa come una costola di Adamo: l'alta cucina si deve adeguare al bisogno di leggerezza, anzi ne fa la propria bandiera. In un decennio di rivendicazioni sociali, la rivoluzione dei cuochi, pur condividendo il rifiuto dello *status quo*, conduce a un taglio netto tra la cucina «colta» e quella quotidiana che si mangia nelle case. La porzione aggraziata della Nouvelle Cuisine è un'innovazione d'élite, il lusso di una casta intellettuale prima che sociale e di censo.

1974. La nanizzazione del grano

Il grano ci dà il pane, ma negli anni Settanta non sopportiamo più di vederlo svettare nei campi invece dei grattacieli.

Troppo alto da mietere, produce un sacco di scarti, che si potevano recuperare quando ogni famiglia di contadini aveva anche una stalla con almeno un paio di mucche, maiali, un asino o un cavallo, e la stia dei conigli. Ma quando l'agricoltura italiana si concentra nelle mani di grandi aziende, la parola d'ordine diventa *redditività*. Per essere produttivi, negli anni Settanta nanizziamo il grano. Un'équipe di ricercatori irradia con i raggi gamma il grano Cappelli, inducendo una mutazione genetica che inibisce la crescita. I vantaggi sono molteplici. La bassa statura rende il nuovo grano (non a caso chiamato «Creso») facile da mietere. Il grano nanizzato è più resistente ai parassiti. La spiga è più produttiva, i raccolti più abbondanti. Unico neo del grano Creso sembra essere la riproduzione, ma non è mica per niente che si chiama Creso: tra l'altezza del grano e la prosperità dell'industria delle sementi sembra esserci una proporzionalità inversa, e il problema è presto risolto, a favore dei produttori di sementi, naturalmente. Il nome Creso gliel'hanno messo loro, quando lo si è iscritto nel registro varietale dei grani duri coltivabili in Italia; grazie all'elevata redditività, Creso arriverà ad aggiudicarsi le preferenze degli agricoltori sino al 90 per cento dei grani coltivati.

Uno degli indotti della nanizzazione del grano sarà la diffusione della celiachia, che nei decenni successivi darà grande impulso alla branca dell'industria alimentare dedicata al numero sempre crescente di persone colpite da questa grave forma di allergia.

1974. E il divorzio rivoluzionò il packaging

Nel referendum del 12 maggio 1974, con grande sorpresa della Dc, gli italiani – evidentemente anche quelli che alle elezioni politiche votano Democrazia cristiana – dicono sì al divorzio. Il responso darà grande impulso all'industria alimentare a partire dal decennio successivo. Negli anni Settanta i divorziati sono ancora scomunicati in odor di peccato per l'opinione comune, ma nel decennio successivo verrà in aiuto l'anglofilia con yuppie e single che renderanno *smart* la scelta di anteporre carriera e successo a concetti antichi come famiglia, figli, sacrifici e pasti cucinati in casa.

I single di ritorno, soprattutto di sesso maschile, premieranno le innovazioni del packaging. La confezione acquistata deve essere grande per offrire convenienza, ma suddivisa in monoporzioni per poter garantire freschezza, friabilità, conservabilità. L'industria alimentare si mostrerà quanto mai perspicace nell'intuire le nuove esigenze, confezionando cracker, grissini, biscotti e merendine in singole porzioni. Più in là si adegueranno anche i gestori dei reparti macelleria dei supermercati, e per ultimi gli agricoltori, che selezioneranno melanzane, angurie e ananas mignon: insapori, con troppa buccia rispetto alla poca polpa, ma esteticamente perfetti per il target dei single.

La diffusione dei single di ritorno ha per corollario la penetrazione della maionese e dei sottaceti nella borsa della spesa. Anche il più vuoto dei frigoriferi, che il più inappetente dei single lascia risplendere deserto come la valle dei morti a mezzogiorno, inalbera su un qualche remoto ripiano un vasetto di maionese e uno di sottaceti. Spesso intonsi e comunque poco usati per finalità alimentari, sembrano per lo più un arredo del frigorifero, l'ultima spiaggia per arginare il senso di solitudine che attanaglia la gola quando ci si rende conto di essere – o essere ridiventati – single per scelta altrui.

Le ossessioni culinarie negli anni Settanta

Flambé!

Sarà il contagio degli anni caldi della lotta politica: la fiammata di protesta dalle piazze dilaga in cucina, dove si smorza sulla pira dei flambé. Negli anni Settanta non prendono fuoco solo le barricate: si fiammeggia di tutto, dalla crêpe alla banana all'ananas, dagli scampi ai rognoni giù giù fino all'umile spezzatino, a cui basta cambiare nome per spiccare un *sauté* ed elevarsi di status.

Il flambé non è una pratica domestica: le tecniche esibizioniste esigono un pubblico dedito al voyeurismo, vedi l'azoto liquido che avvolgerà nelle nebbie l'ingresso nel terzo millennio. La sceneggiata flambé al ristorante ripete sempre lo stesso copione, con minime varianti: arriva un cameriere spingendo un carrello attrezzato con un fornellino, la giacca bianca e il farfallino nero più o meno provati da performance precedenti, la punta delle scarpe che la dice lunga sulla levatura del locale. Se il cameriere è tracagnotto, la giacca apre delle parentesi tra i due bottoni centrali che minacciano lo scoppio da un momento all'altro. Sul carrello c'è un padellino di rame stagnato, spesso martellato. Bell'oggetto. Il cameriere spadella un attimo, giusto per creare la suspense, poi versa l'alcol (cognac o brandy che sia; molto gettonati per il dessert brandy e liquori all'arancia in genere); oppure, se il piatto in questione è un dolce, intride di alcol una zolletta di zucchero, a mo' di miccia. Il flambé accende sul tavolo che l'ha ordinato un occhio di bue virtuale (caso vuole che la tecnica sia chiamata anche «cucina alla lampada»), assorbendo il resto del locale nella penombra (all'epoca piuttosto diffusa). Il riflettore puntato sulla coppia di turno, non sempre titolare di fede nuziale, fa del flambé una portata da amanti. È come trasformarsi all'istante in ballerini di tango per il tempo necessario a estinguere la danza del fuoco.

I ristoranti da flambé sembrano avere tutti lo stesso scenografo, paladino del rassicurante *interior design* borghese: tavoli *habillés* con tovaglie fino a terra in colori pastello – gettonatissimo il rosa antico, colore in seguito scomparso dalla gamma dei tovagliati – e coprimacchia in *nuance*, spesso in fantasie bicolore o *ton sur ton*, dettaglio che conferisce un'*allure* molto francese e con ciò, *ça va sans dire*, molto chic. Ci si fa piedino agevolmente sotto il tavolo, finché non cominciano a fare irruzione quei maleducati degli studenti, arrabbiati chi lo sa poi con chi e perché.

Celeberrimo tra i ristoranti flambé, a suo tempo, fu Il Pappagallo di Bologna, che tra una *crêpe suzette* e un ananas flambé subì davvero le fiammate delle proteste studentesche, in quanto icona della ristorazione borghese, da non confondere con Il Pappagallo in brodo, trattoria dello chef Piero Piromallo, un passato nella compagnia Wagon-Lits e una fine simile a quella di un altro bolognese generoso, al secolo Bonvi, l'ideatore delle Sturmtruppen. A entrambi fece male il bere smodato che pensavano li aiutasse ad affrontare la vita. Piromallo è rimasto agli annali perché negli anni Settanta officiava il battesimo gastronomico degli studenti squattrinati futuri fondatori di Gambero Rosso e Slow Food, già attenti in tempi non sospetti alla porosità della pasta che permetteva al ragù di intrattenere una relazione carnale con la tagliatella. Solo vent'anni più tardi, per trovare un locale provvisto di carrello per fiammeggiare in sala bisognerà volare fino a New Orleans, e ordinare un qualche piatto di modernariato cajun.

Cordon Bleu, vol-au-vent, Mont Blanc, vive la France!

All'epoca, Cordon Bleu non è ancora una cotoletta surgelata da spadellare al volo per i figli famelici appena tornati da scuola. Cordon Bleu è l'ennesima colonizzazione gastronomica francese, «la» scuola di cucina per antonomasia, fondata nel 1895 e diffusa nel dopoguerra con sedi in franchising in tutto il mondo. Di una padrona di casa che cucina molto bene, per farle un complimento, si dice: «È una cuoca Cordon Bleu».[1]

Saper cucinare, negli anni Settanta, significa ancora saper-si districare tra i classici francesi. Nelle case borghesi è la stagione del vol-au-vent, che i più non sanno scrivere né pronunciare, e men che meno cucinare. Viene in soccorso dell'imperizia culinaria la pasta sfoglia surgelata, grande scoperta del decennio, che assicura la riuscita: in genere il disco di base non prende il volo neanche un po' e non si sfoglia, inumidito e appesantito dal ripieno; spesso risulta anche un po' crudo al centro. Se si cuoce il vol-au-vent vuoto ci sono più probabilità di successo, ma se si trascura di spennellare la base con un po' d'acqua, il disco superiore non aderisce a quello sottostante, e il ripieno è condannato a fuoriuscire. Gettonatissimi nei pranzi importanti i vol-au-vent con fonduta, eventualmente al tartufo, e quelli con gamberetti (per lo più surgelati) e béchamel (per lo più

---

[1] Negli anni Ottanta, le scuole Cordon Bleu registrano un numero crescente di iscritti di sesso maschile. Un altro indotto del divorzio?

acquistata pronta), abbelliti con erba cipollina, che all'epoca in Italia si trova con difficoltà, rendendo la ricetta ancora più eroica («Ho dovuto fare il giro di quindici fruttivendoli»). La temperatura di servizio dei vol-au-vent è fantozziana:[2] o sbollenta l'esofago al passaggio, o il ripieno ormai freddo appare rappreso in un mattoncino.

Fantozziano, talora, anche l'esito del Mont Blanc, che nelle preparazioni casalinghe, o dopo trasporti avventurosi dalla pasticceria fino a casa, rischia di apparire come un plastico dei lavori in corso nel traforo del Frejus, che verrà inaugurato alla fine del decennio, dopo circa vent'anni dall'inizio degli scavi.[3]

Carne e bondage: l'arrosto legato

Fino agli anni Settanta, nell'ambiente domestico regna una certa *prudérie*, e l'unica aperta concessione al bondage riguarda la carne. Legare l'arrosto è un rituale di iniziazione: di lì si vede se una cuoca ci sa fare. Ogni sposa che si rispetti porta in dote il filo da imbastire che si presta benissimo agli usi di cucina, facile da identificare e rimuovere in tempo utile per scongiurare di trangugiarlo.

---

[2] Nel 1971 Paolo Villaggio pubblica la prima raccolta delle storie di Fantozzi, intitolata semplicemente *Fantozzi* (Rizzoli, Milano). Stesso titolo per il primo film, uscito nel 1975. Per una generazione di italiani sarà quasi impossibile, da allora, cenare al ristorante giapponese senza rivedere la scena in cui viene cucinato Pier Ugo, il cane pechinese della signorina Silvani, o quella del samurai pronto a tagliare le mani a chi non utilizza propriamente le bacchette.

[3] Nel 1984 il teorico del Mont Blanc Nanni Moretti alias Michele Apicella istruirà i cinefili italiani: a dispetto del nome, Mont Blanc, è d'uopo astenersi dallo scavarci un tunnel dentro.

Ogni marito adagiato in poltrona a guardare la tv[4] spia la cucina, sospirando di un inquieto solluchero nel vedere la consorte passare il filo intorno alla carne e poi fare un nodo stretto, passare di nuovo il filo, un altro nodo, sino a creare un bondage completo: un'ouverture culinaria sul mondo proibito del sadomaso.

Gli anni Settanta sono l'ultimo decennio carnale. In seguito scopriremo il pesce, gli Omega 3, e mangiare diventerà un atto estetico-narcisistico-salutista. L'arrosto legato in casa viene poi soppiantato da quello dei macellai, che offrono l'alternativa pronta sotto forma di arrosti striminziti strizzati nella rete elastica come polpacci cellulitici minacciati da varici. Gli uomini ci rimangono male, ma fanno finta di niente, però sotto sotto pensano: cosa direste voi, se vostro marito invece di farsi il nodo alla cravatta comprasse quei *toys* col nodo pre-legato? Donne, tornate a legare. In fondo, agli uomini piacete così. Un po' dominatrici, un po' *cow-girls*, mentre li prendete al lazo.

Le donne, impegnate nelle conquiste sociali, non danno retta. Optano per il polpettone, o forse se ne servono come mezzo di espressione culinaria, per dire quant'è noioso e ritrito il ménage.

Gli anni Settanta in sette ricette esplosive

Crêpe Suzette. Un allenamento bon ton per le barricate giù in strada: date fuoco allo zuccherino intriso di alcol sulla crêpe, allontanatevi, godetevi lo spettacolo. E ora avete un po' di comprensione per l'imperatore Nerone?

---

[4] La divisione dei compiti domestici è piuttosto impari, come nota un neutrale osservatore straniero: Paul Ginsborg, *L'Italia del tempo presente*, Einaudi, Torino 1998.

Banana Split. Una banana tagliata a metà per il lungo, tanta panna della bomboletta che ricorda i lacrimogeni, salsa di cioccolato di preparazione industriale, e l'immancabile zolletta impregnata di brandy per il tocco incendiario.

Il krapfen sul loden. L'emblema dell'abbigliamento borghese: sporcatevelo da soli prevenendo così l'attentato del proletariato. Colpito da una raffica di zucchero a velo, irriso da una lava di gelatina d'albicocca eruttata dal krapfen caldo, vi renderà già abbastanza ridicoli, immuni al lancio di uova crude per strada.

Per un attimo sulle labbra. Perché passare ore e ore ai fornelli? Al piacere effimero va dedicato uno sforzo minimo: lasciate che l'industria alimentare lavori per voi, munitevi semplicemente di un apriscatole.

Per sempre sui fianchi. Anche in questo caso, la buona industria alimentare viene incontro alle vostre esigenze con i suoi cibi light. Chi se ne frega se l'olio di soia è insulso? L'importante è che abbia meno calorie di quello di oliva.

Siate parka. Non misuratevi con la cultura borghese, rifiutatene i valori gastronomici. Mentre tenete in ostaggio i simboli che rinnegate, inzaccherate il vostro parka con schizzi di spezzatino liofilizzato, prova della vostra indifferenza alle sirene del gusto.

Ecché, Cazio! La ricetta della cultura classica contro la decadenza borghese: rifiutate lo spezzatino liofilizzato di cui sopra, allevate due conigli, due polli, coltivate l'orto. Sta a vedere che il nonno era più a sinistra di voi? Meditate, leggendo Orazio.

La cucina della ggente

Ci vediamo alla tavola calda

Negli anni Ottanta si appiccicherà a tutte le colpe legate al food un'etichetta «Made in Usa»; ma il fast food *ante litteram* ce l'abbiamo già prima, si chiama «tavola calda». Si distingue dai ristoranti per l'assenza di tovagliato, le sedie e i tavoli rivestiti in formica, le luci al neon all'insegna dell'austerity, il bancone-vetrina con gli antipasti pronti, freddi o da riscaldare. Di solito ha gestione familiare, e uno dei tavoli è adibito a scrittoio per i compiti a casa dei figli più o meno buzziconi, che intervallano le tabelline con spensierate bevute di bibite gasate, privilegio per cui sono molto invidiati dai compagni di scuola, sorvegliati a vista da madri-cerbere. Alla tavola calda si consumano uova alla diavola, tomini «elettrici» sott'olio con molto peperoncino, alici al verde, e certi pescetti fritti in carpione prelevati direttamente da grandi latte, senza nemmeno inscenare la finta pretesa di averli preparati in casa. Tra i piatti caldi non mancano mai le lasagne, le cotolette impanate con i piselli (ovviamente in scatola), e il pollo arrosto con le patate cotte nel grasso del medesimo. Il dolce, in epoca pre-tiramisù, è il crème caramel, preparato in stampini monoporzione in alluminio, dentro cui viene lasciato con una certa *insouciance*. Chi ha detto che l'alluminio è tossico? In ogni caso non l'ha ancora detto abbastanza forte per farsi sentire da tutti.

La tavola calda non è esattamente un luogo di aggregazione sociale come il Bar Sport,[1] ma gli habitué la usano come succursale di casa.

Ma quale Cordon Bleu: la Simmenthal impanata

Nel '77, a tavola, si parla di politica. Ci s'infervora, si litiga, ci si infiamma in scontri d'opinione comunque sempre dialettici. Il convivio rispetta la tradizione filosofica: è occasione di condivisione e di scambio. Un protagonista della lotta politica di quegli anni, oggi raffinato gourmet, racconta sotto garanzia di anonimato questo aneddoto. Una studentessa politicizzata quanto lui lo invita a cena. Figlio di sana mamma ciociara, il ragazzo è cresciuto a tonnarelli cacio e pepe. Il menu lo stupisce con un'innovazione creativa. La carne costa, e la giovane terrorista pensa di dribblare il carovita con la quadratura del cerchio, ovvero l'impanatura della carne in gelatina. La presenta così, senza complessi: in fette impanate e fritte, da cui alla prima insidia della forchetta fuoriesce la gelatina sciolta per effetto del calore. Ma chi se ne frega? Durante la cena, i due si innamorano parlando di politica. Ai loro figli, alla stessa età, non potrà mai accadere una cosa del genere: se uno non sa descrivere con ardite metafore il naso di un vino, e non ha letto l'ultimo ricettario in due volumi dello chef brasiliano del momento, è spacciato in partenza.

---

[1] Stefano Benni pubblica *Bar Sport* nel 1976 (Mondadori, Milano). Da allora in poi, qualunque brioche dall'aria stantia che sia esposta solitaria nella vetrinetta della pasticceria di un bar si aggiudicherà il soprannome di «Luisona».

Le Brigate rosse e l'arte di fare la spesa

Il 16 marzo 1978, le Brigate rosse rapiscono Aldo Moro. Proprio quel giorno doveva firmare un accordo che avrebbe permesso l'ingresso del Pci in una coalizione di governo, ma chissà perché i terroristi, con tutti i democristiani che ci sono in giro, decidono di punire proprio lui, come esponente del Sim (Sistema imperialistico delle multinazionali).

Cosa mangia Moro in prigionia? Anna Laura Braghetti, all'epoca venticinquenne, fa la spesa per lui al supermercato. Meticolosa, tiene da parte tutti gli scontrini. La giovane brigatista non va al *farmers' market*, non ci pensa nemmeno a recarsi a comprare direttamente dai contadini fuori Roma per non arricchire la speculazione borghese e capitalista del settore ortofrutticolo (la più scandalosa ancora oggi in tutto il settore agroalimentare), non le viene in mente che se alleva un paio di galline avrà anche l'ovetto e non sarà più, mai più, schiava del Sim. È il paradosso alimentare delle Brigate rosse: combattono il sistema da cui dipendono, ma sono incapaci di affrancarsene, almeno finché non imparano a fare da soli non dico la maionese, ma almeno un ovetto *poché*.

Buon compleanno con la Mimosa!

La torta Mimosa deve il proprio successo ai festeggiamenti dell'8 marzo: il pandispagna tagliato a dadini mima le infiorescenze della mimosa, che sboccia proprio nei primi giorni del mese. Negli anni Settanta, però, complici le rivendicazioni femminili, la mimosa invade come gramigna le vetrine delle pasticcerie. Spolverando i dadini di pandispagna con un po' di cacao, si ottiene una copertura unisex che ne fa un dolce ideale per spegnerci su l'annuale candelina. Data la semplicità degli ingredienti (pandispagna, crema pasticciera, panna montata, bagna alcolica realizzata con l'Aurum, un liquore da pasticceria poi caduto in declino), la torta Mimosa mette d'accordo tutti i gusti. In più, nel decennio che dà il la alle stragi di Stato, siamo ormai abituati a esplosioni e detriti: quella piccola esplosione di pandispagna in frantumi sulla copertura della torta risulta quanto mai attuale e ci fa sentire tutto sotto controllo, come se stessimo guardando il telegiornale. A favore della Mimosa gioca anche la forma leggermente a cupola che la fa rassomigliare a un classico oggi in disuso: lo zuccotto, semifreddo semisferico rivestito di pandispagna, che sopravvivrà solo in certi catering capitolini d'antan in auge nei palazzi romani, ogni volta facendo strabuzzare gli occhi agli invitati per lo spaesamento temporale.

Chi preferisce le torte fai da te opta per la Margherita, la cui esecuzione è resa facilissima dai preparati industriali che quasi azzerano i margini di errore. C'è persino una scorciatoia, di cui vanno fiere alcune casalinghe moderatamente innovatrici: la torta ancora calda viene irrorata con un budino alla vaniglia (anch'esso realizzato con preparato industriale) bollente. Naïf, ma a qualcuno piace. C'è chi si spinge più in là e taglia la Margherita in due dischi, irrorando il disco inferiore con budino alla vaniglia e quello superiore con budino al cioccolato, sentendosi in cuor suo, che so, un Carême, un Bocuse, o almeno una Lisa Biondi.

Un decennio passato a bere

L'austerity ci lascia con un sorso di spuma in bocca. Come la cresta dell'onda che si frange e scompare sul bagnasciuga, la spuma del chinotto, quella della gassosa e della cedrata sono una dissolvenza sulla fine del decennio. La marea le riporterà a riva nel nuovo millennio, ma allora si ripresenteranno con le etichette «giuste» (studiate da un graphic designer) e con l'avallo dei Presidi Slow Food: solo chinotti di Savona provenienti dalla riviera tra Varazze e Finale Ligure, solo cedro liscio di Diamante coltivato sul litorale tirrenico fra Tortona e Cetraro, solo acqua di sorgente...

Per il momento mostriamo una sensibilità ancora piuttosto involuta, e salutiamo con nostalgia i coloranti alimentari che se ne vanno. Il rosso magenta, il giallo chartreuse, lo zucchero che lascia le dita attaccaticce quando una goccia cola giù dal collo della bottiglietta: immagini da sottofondo sonoro di Radio Nostalgia.

Incuranti dell'austerity, gli *opinion leaders* del decennio stappano il Greco di Tufo. Il motore della scoperta sta nei flussi turistici: il mondo adora Capri e la Costiera, e il Greco di Tufo è facile: facile da pronunciare, facile alla beva, come dicono gli addetti ai lavori. Si sposa bene con il pesce, e l'immaginario lo vuole stappato in riva al mare. Con quel nome, Greco, evoca origini antiche, la nostra storia remota.

L'appellativo, di Tufo, gli conferisce un'*allure* di nobiltà. Ordinare Greco di Tufo ci fa sentire dei signori, cosa che ci dà particolare soddisfazione perché solo vent'anni fa tormentavamo i conigli nella stia e spillavamo di nascosto un po' di rosso dalla botte in cantina, per giocare ai grandi, ed era vietato commentare che sembrava aceto.

Sono gli anni in cui i giovani cominciano a viaggiare con il sacco a pelo e lo zaino in spalla; si fa l'autostop in tutta Europa durante l'estate.[1] Molto gettonato il Portogallo, da cui si torna con una bottiglia di Lancers o di Mateus, dolciastri e frizzanti in omaggio alle richieste del mercato nordamericano. Diventa un classico la bottiglia colorata del Lancers, riciclabile con un po' di fantasia come vaso per i fiori, portapennelli, salvadanaio. Sia il Mateus che il Lancers sono studiati per i giovani, e lasciano scontenti tutti gli altri: i nonni che rimpiangono la botte, i puristi che rimpiangono la bottiglia classica, i tradizionalisti che assaggiano con diffidenza quel che per loro è un'edulcorazione da signorine.

Mateus e Lancers sanno di feste nelle tavernette quando i genitori sono via: nell'Italia delle villette, tutti vogliono avere la tavernetta, fa sentire al sicuro come un rifugio antiatomico svizzero ed è più godereccia (del resto, in mancanza di minacce atomiche, è proprio questo che fanno gli svizzeri nei loro bunker: li riciclano come tavernette). Mateus e Lancers passano di moda negli anni, e sorprende come una forma inattesa di immortalità il fatto di trovarseli davanti in qualche bottiglieria rétro. È un po' come la vetrinetta degli amari nei vecchi bar di provincia, da cui fa

---

[1] Un vino da viaggio è anche il Tavernello, che grazie alla diffusione del Tetra Brik conquista gli scaffali dei supermercati negli anni Settanta, affermandosi come vino «to go», snobbato da tutti, un po' come la Dc, che però poi tutti votano.

capolino all'improvviso una bottiglia di Ebo Lebo, famoso negli anni Settanta per una indimenticata campagna pubblicitaria («Con Ebo Lebo digerisco anche mia suocera»). Viene quasi da mettersi a spiare in un angolo: chi li beve, questi cimeli, adesso?

Mangiamoci su
Menu vintage anni Settanta

Le ricette che seguono sono riportate senza alcuna modifica (nemmeno della punteggiatura) dalle riviste del decennio.

Uova ripiene alla diavola

Se negli anni Cinquanta le uova sode si presentavano con ogni sorta di travestitismo (da pupazzi, funghetti, botticelle, ecc.), negli anni Settanta le serviamo spaccate a metà e farcite, come se fosse avvenuta un'esplosione nel tuorlo. Sarà che cuciniamo guardando il telegiornale?

Uova sode, 6 – Burro, g 50 – Acciughe, 3 – Capperi, 1 cucchiaino – Peperoncino macinato, mezzo cucchiaino – Maionese – Prezzemolo, 6 foglie

Lessate le uova, sgusciatele, dividetele in due parti in lunghezza e separate i bianchi dai rossi.

Impastate i rossi con 50 grammi di burro, un cucchiaino di capperi tritati, del peperoncino macinato e tre acciughe lavate, spinate e fatte a piccoli pezzi, e con questa farcia riempite i mezzi albumi sodi, facendola debordare a montagnetta.

Accomodate queste mezze uova su un piatto e velate ogni uovo con un cucchiaino di salsa maionese. Guarnite ogni mezzo uovo con una foglia di prezzemolo. Nessuno sospetterà il ripieno esplosivo.

Ricetta della madre dell'autore

Ravioli al burro flambé

Una ricetta che continuerà la propria fortuna negli anni Ottanta, talvolta con l'aggiunta di un po' di panna in omaggio al trend mammone del decennio. Il midollo di bue e il fondo bruno sopravvivranno solo nelle cucine degli chef, sostituite dai comuni mortali con esaltatori vari di sapidità.

Per la pasta: 500 g di farina – 3 uova – sale – un bicchiere d'acqua
   Per la farcia: 200 g di polpa di pollo arrosto – 100 g di midollo di bue – un cucchiaio di fondo bruno (o estratto di carne) – 60 g di formaggio grattugiato – 2 tuorli – 30 g di ricotta – sale – pepe – noce moscata
   Per il condimento: burro q.b. – ½ bicchiere di brandy

Lavorate la farina con le uova, l'acqua e un pizzico di sale. Quando avrete ottenuto un composto liscio ed omogeneo, tirate la pasta in una sfoglia sottile. Intanto avrete preparato la farcia tritando finemente tutti gli ingredienti, lavorandoli e amalgamandoli tra loro con cura; salate, pepate ed unite abbondante noce moscata. Formate con il composto delle palline grandi come nocciole e disponetele a poca distanza l'una dall'altra su metà della pasta.
   Ricoprite con l'altra metà, poi tagliate con un coltellino,

o con l'apposito attrezzo, i ravioli; via, via che saranno pronti disponeteli su un canovaccio ricoperti da un velo di farina.

Cuocete al momento opportuno i ravioli in abbondante acqua salata, scolateli quando vengono a galla e conditeli nel piatto di portata con il burro precedentemente fuso, aromatizzato con il brandy e lasciato fiammeggiare.

«Tutto cucina», dicembre 1978

Maiale legato flambé (con frangia sfumata)

Il maiale flambé, cotto in pentola a pressione per una ventina di minuti, lasciato intiepidire e affettato sottile, è datato ma sempre piacevole. Inoltre, negli anni Settanta, precorre l'ossessione del decennio successivo, che vedrà la frutta risalire su su nel menu, dal prosciutto e melone ai risotti alla fragola.

È buona norma di prudenza prenotare la spuntatina dal parrucchiere il giorno successivo alla realizzazione della ricetta flambé, piuttosto che quello precedente.

Ingredienti: una tasca di maiale circa 800-1200 g, una scodella di polpa di ananas sciroppato tagliata a dadini, 12 prugne secche ammollate nel cognac o nel brandy, burro, brandy all'arancia, sale, pepe.

Stendete sul piano di lavoro la tasca di maiale fatta precedentemente aprire dal macellaio; cospargete con sale e pepe e massaggiatela.

Snocciolate le prugne e passatele al setaccio con il cognac; dovreste ottenere una specie di composta aromatica. Spalmatela sulla carne.

Spadellate i dadini di ananas nel burro e fiammeggiate con il brandy. Versate i dadini di ananas sulla composta di prugne, coprendola uniformemente. Arrotolate la carne, legatela, e rosolatela nel burro; versate un bicchiere di brandy, alzate la fiamma, e lasciate consumare l'alcol. Badate di tenere sotto controllo la fiammata, se non volete rischiare una sfumatura osé della frangia. Incoperchiate e terminate la cottura. Lasciate riposare e servite tiepido.

Liberamente adattato da *Cucinare bene... in metà tempo*, ricette di Lisa Biondi per la pentola a pressione, 1974

Omelette soffiata alla fiamma

L'estensore della ricetta tace sulla difficoltà di sformarla. Per dribblare la catastrofe, conviene cuocere l'omelette in stampini individuali. Si noti il sesso delle chiare d'uovo, all'epoca maschili. Persino contro questa discriminazione di genere dovevano battersi le femministe.

Per 4 persone, prendete 8 rossi d'uovo e 12 chiari: lavorate i rossi con 6 grosse cucchiaiate di zucchero semolato e un po' di vaniglia fino a che non avrete ottenuto una crema scorrevole (questo è importantissimo). A questo punto, battete i bianchi in neve molto soda e mescolate tutto con una spatola di legno. Il preparato dovrà risultare leggerissimo. Imburrate il fondo d'un piatto di metallo, cospargetelo di zucchero semolato e accomodatevi il composto, sempre con l'aiuto della spatola. Passate al forno caldo per 6 minuti circa. Fiammeggiate mentre servite, con cognac o curaçao.

Ricetta della madre dell'autore

Flambé da bere: il B52

Il nome B52 è un omaggio al bombardiere Boeing B-52 Strato-fortress, utilizzato per lanciare le bombe incendiarie al napalm durante la guerra del Vietnam. Creato nel 1977, questo cocktail diventa presto un classico, anche se i puristi non si trovano d'accordo sulla variante flambé, giudicata troppo pirotecnica.

$1/3$ di Kahlua, $1/3$ di crema di whisky, $1/3$ di Grand Marnier.

Il B52 si prepara in bicchieri non molto grandi; in genere si usano quelli da *shot*, oppure dei calici piccoli. Per primo si versa il Kahlua, poi la crema di whisky e per ultimo il Grand Marnier. Versato il quale, si dà fuoco al cocktail, con un accendino o con un fiammifero. Si serve così, con la fiammella tremula che vaga sulla superficie. Per evitare l'effetto Mangiafuoco, si beve con una cannuccia, il più velocemente possibile, prima che le fiamme abbiano la meglio e brucino tutto l'alcol – e magari anche la plastica della cannuccia.

Ricetta del barman Domenico Maura

Vol-au-vent ai funghi

Ci vorrebbe l'onestà di obiettare che sì, è bella la presen-tazione, ma se provi a tagliare il vol-au-vent a fette, tutto l'intingolo cola via dai lati. Forse è per questo che si affermano nell'uso comune i vol-au-vent monoporzione, a discapito della cucina monumentale.

Ingredienti:
piccoli funghi porcini, g 600

panna, g 250
farina bianca, circa g 250
burro, g 250
estratto di carne (in mancanza di questo usate un dado per
brodo) – un piccolo scalogno – un uovo – olio – sale – pepe

Con g 200 di burro ed altrettanta farina preparate una
pasta sfoglia.

Quando la pasta avrà riposato il tempo necessario tagliatela
in due pezzi, con il matterello stendetene uno all'altezza di
circa mezzo cm, ponete sulla pasta un coperchio del diametro di circa 22 cm e con un coltellino affilato tagliate la
pasta tutt'attorno al coperchio e sistemate il disco ricavato
su una placca del forno.

Sempre con il matterello stendete il secondo pezzo di
pasta facendo un disco uguale al primo, poi ponete su
questo secondo disco un secondo coperchio del diametro
di circa 14 cm e ritagliate tutta la pasta attorno al coperchio; sistemate l'anello ricavato sul primo disco fatto, con
una forchetta sforacchiate la pasta al centro, indi indorate
l'anello con uovo sbattuto, poi mettete in forno già caldo
(185°) lasciandovelo per circa trenta minuti.

Nel frattempo impastate gli avanzi di pasta, poi ricavatene
un disco del diametro di circa 16 cm, e dopo che il vol-au-
vent sarà cotto cuocete anch'esso. Mentre cuoce il disco,
pulite accuratamente i funghi e lavateli.

Ponete a fuoco in una casseruola lo scalogno tagliato a
fettine, due cucchiaiate d'olio e circa 30 g di burro, lasciate
rosolare per un istante poi unite i funghi, continuando
nella rosolatura sempre a fuoco moderato. Stemperate nella
panna un cucchiaino di farina bianca, badando di non fare
grumi, poi unitela ai funghi, aggiungete anche una puntina
di estratto di carne (od il dado), salate (attenzione se unite

il dado salate poco perché questo è solitamente saporito), pepate, rimescolate e lasciate cuocere a fuoco moderatissimo, rimescolando spesso.

A cottura ultimata accomodate il vol-au-vent su un piatto di portata, versate all'interno i funghi con il loro intingolo, ponete sui funghi il disco di pasta e servite.

«La cucina italiana», settembre 1976

Il polpettone

Non è un caso che il termine «polpettone» indichi qualcosa di trito e noioso... In questa ricetta, la sezione rotonda della carota che non si pone in alcuna nuance con il contorno, e anzi stride con il rosa del prosciutto, fa sbadigliare già mentre la si affetta. Il successo del polpettone si protrae nei primi anni Ottanta: sa di pranzo dalla mamma, yuppie e single lo portano a casa amorevolmente avvolto nella carta stagnola, per riscaldarlo in solitudine.

Bianco di pollo lessato, g 250
manzo bollito, g 250
lonza di maiale (cruda), g 150
ricotta fresca, g 100
formaggio Emmental, g 80
Parmigiano grattugiato, g 50
2 uova – burro – poco latte – un panino – olio d'oliva – pane grattugiato – aglio – prezzemolo – cipolla – 2 carote – mezzo dado per brodo – 2 fette di prosciutto cotto – sale – pepe

Mettete a bagno il panino (a pezzi) nel latte. Lessate le carote in poca acqua, unendo il mezzo dado per brodo. Passate per due volte al tritacarne, usando il disco più fine, i seguenti ingredienti: pollo, manzo, lonza di maiale, Emmental, ricotta e il panino ben strizzato dal latte. Lasciate cadere il passato in una terrina, poi unite il Parmigiano, le due uova intere, uno spicchio di aglio tritato insieme a mezza cipolla e ad una piccola manciatina di prezzemolo, sale e pepe. Formate con questo composto un polpettone rotondo del diametro di circa cm 5 e lungo cm 20. Tagliatelo poi a metà, aprendolo come un libro e mettetevi al centro le due carote (una dopo l'altra, così da occupare tutta la lunghezza del polpettone) avvolgendo ognuna in una fetta di prosciutto cotto. Richiudete il polpettone, ricomponendolo perfettamente, poi passatelo nel pane grattugiato (che avrete setacciato per averlo ben fine); disponetelo quindi in una pirofila abbondantemente imburrata unendo anche tre cucchiaiate di olio, e mettetelo in forno già caldo a 200° cuocendolo per circa mezz'ora. Levatelo dal forno, disponetelo su un piatto da portata e contornatelo con carote od altra verdura.

«La cucina italiana», marzo 1971

Mont Blanc

Dolce in voga nelle cene bon ton, che insistono a chiamarlo come sul versante francese, il Mont Blanc o Monte Bianco subirà nei decenni a venire una serie di varianti più o meno fantasiose. Nel 2006, in preda all'ansia da prestazione «famolo strano», e con l'ausilio della pasta sfoglia surgelata, comparirà la ricetta del Monte Bianco fantasia, riportata a seguire, dopo la versione classica in voga negli anni Settanta.

Per 6 persone: Castagne, g 500 – Latte, un bicchiere – Zucchero, 5 cucchiai – Chantilly, l 0,500 – Facoltativo: vainiglina

Sbucciate le castagne e mettetele a bollire; quando saranno cotte, togliete loro la pellicola, mettetele in una casseruola, copritele con il latte e rimettetele sul fuoco, aggiungendo anche, se credete, un pizzico di vainiglina.

Schiacciate le castagne con un cucchiaio di legno, e quando avrete ottenuto una puré liscia e sostenuta aggiungete lo zucchero in polvere.

Mettete qualche cucchiaiata di puré sul marmo di cucina, e con una cucchiaia di ferro, a buchi larghi, premete su essa, schiacciandola. La puré verrà fuori dai buchi sotto forma di tanti piccoli vermicelli.

Quando ne avrete una discreta quantità, metteteli, staccandoli con la punta di un coltellino, nel piatto cercando di disporli in forma conica.

Ricoprite il cono di vermicelli con la chantilly, e con la lama di un coltello disponetela regolarmente intorno al dolce, dando a questo l'aspetto di un monte aguzzo ricoperto di neve.

Ada Boni, *Il talismano della felicità*, Colombo, Roma

Monte Bianco Fantasia

Ingredienti per 10 persone: castagne sbollentate e pelate kg 1 – zucchero a velo g 120 – 2 baccelli di vaniglia – essenza di vaniglia – cannella in stecca – alloro – rum – maraschino – sale

Per guarnire: 6 stelle di pasta sfoglia – marron glacé – uva –
un albume – zucchero semolato – zucchero a velo – cacao

Tempo: 120'

Vino consigliato: Albana di Romagna passito

Lessate le castagne in abbondante acqua bollente salata, aro-
matizzata con i baccelli di vaniglia, un pezzetto di cannella
e 2 foglie di alloro, scolandole quando saranno morbide.

Passatele subito dopo al passaverdura con il disco fine,
quindi mescolate il puré ottenuto con qualche goccia di
essenza di vaniglia, lo zucchero a velo e g 100 di una miscela
di rum e maraschino.

Mettete sul piatto da portata una stella di pasta sfoglia
croccante e fatevi cadere sopra parte del puré di castagne,
passandolo allo schiacciapatate; proseguite a strati con altre
stelle e altro puré e terminate il Monte Bianco con una stella
di sfoglia guarnita con un marron glacé.

Guarnite il piatto con altri marron glacé e chicchi di uva
brinata, cioè pennellati di albume e passati nello zucchero,
completate con una spolverata di zucchero a velo e cacao,
quindi portate in tavola.

«La cucina italiana. Castagne», 2006

Anni Ottanta

Dopo gli anni di piombo, ecco gli anni di panna. Gli italiani annegano dispiaceri politico-calcistici, incompetenza culinaria e nostalgia della mamma in un mare di merendine e nella panna a lunga conservazione.

Anni di panna

Non che gli anni Ottanta abbiano lesinato sui motivi per rattristarci. Nel 1980 avremmo potuto disperarci per la strage di Ustica (81 vittime di un missile indirizzato a Gheddafi) o per quella di Bologna (86 morti e oltre trecento feriti, vittime del terrorismo di Stato altrimenti detto strategia della tensione); o almeno dolerci per le bellezze perdute dei borghi irpini buttati giù dal terremoto. Noi invece, da quei grandi fantasisti che siamo, ci siamo lasciati avvilire solo dallo scandalo del calcio-scommesse, con i campioni del cuore arrestati in campo a fine partita, le squadre retrocesse in serie B, e tutta la delusione e la rabbia che potevamo soffocare soltanto nella béchamel, nella mousse, e in generale nei manicaretti a base di latte e di panna che sanno di mamma, di baci con lo schiocco e di lacrime asciugate col fazzoletto di cotone stirato e piegato.

Nel 1981 avremmo potuto affliggerci leggendo la lista degli affiliati alla P2, o per l'attentato al papa; nel 1982 avremmo avuto di che singhiozzare per gli efferati delitti di mafia, da Pio La Torre al generale Dalla Chiesa con moglie e scorta; e invece, fantasisti recidivi, abbiamo ululato di gioia per la Coppa del mondo, adepti di Vasco Rossi («Vado al massimo, vado a gonfie vele»); popolo di musicisti, ignari della tv che ci si preparava dietro le quinte della P2 per gli anni a venire, nell'83 a Sanremo abbiamo cantato in coro con Toto Cutugno «Lasciatemi cantare, perché ne sono fiero, sono un italiano, un italiano vero», senza nemmeno domandarci quali fossero gli altri italiani, quelli non veri, quelli che non potevano cantarsi fieri.

A guardare gli anni Ottanta *à rebours*, si resta straniti. Abbiamo assistito, sbocconcellando brioche, al picconamento dello Stato e degli equilibri nazionali e sovranazionali, il tutto attutito dal tuffo in un mare di merendine, come si comincia a chiamarle.[1]

Mentre noi ci concediamo pause multiple di dolcezza, nel 1984 muore Berlinguer e con lui entra in agonia anche il Pci; la mafia entra in borsa con il gruppo Ferruzzi, crolla il Muro di Berlino e si crepa la geografia della guerra fredda; nascono il moribondo pentapartito e la più coriacea Lega, magistrati integerrimi vengono tacciati di usare l'antimafia come lustrino, altri che il futuro scoprirà corrotti risplendono di lustrini impropri; noi però non ci scomponiamo perché gli scaffali dei supermercati straripano non già di vile pane, ma di regali brioche divulgate al popolo sotto forma di merendine: agli aviti buondì, fieste e girelle degli anni Settanta si annette una corte di cornetti classici, alla crema e al cacao, crostatine all'albicocca e al cacao, flauti all'albicocca, al cioccolato e al latte, girasole, nastrini, pangoccioli, plumcake semplici e al cioccolato, saccottini all'albicocca, alla crema e al cioccolato, tegolini, trancini, camille, maggiolini. Assorti e imbarazzati nella scelta, non

---

[1] Aggiornatissimo l'Istat, che le inserisce con questo nome nel paniere sin dal 1977. Mulino Bianco, brand nato alla fine del 1975, arriva a eguagliare il fatturato della casa madre, pasta Barilla, nel 1986, dopo che nel 1985 il volume dei prodotti da forno venduti ha raggiunto 1.400.000 quintali.

abbiamo tempo di guardare cosa succede tutt'intorno. E sì che non ci voleva mica il genio di Patrizio Peci (il primo brigatista abbastanza intuitivo da capire che gli operai non avevano nessuna voglia di fare nessunissima rivoluzione): lo sapeva già Gian Burrasca alias Rita Pavone nella serie tv degli anni Sessanta: solo «un popolo affamato fa la rivoluzion»; e se la Repubblica ha portato qualcosa in dote agli italiani, è stato il cibo, pane e companatico per tutti, tanto che i racconti dei nonni, che durante la guerra rubavano frutta arrampicati sugli alberi per riempirsi la pancia, sembrano fantastoria.

È anche per via dell'abbondanza di merendine che un decennio trascorso all'insegna della tensione e del corto circuito tra mafia e Stato ha lasciato di sé una memoria «scioglievole» come un cuore di panna. L'Msi si rifà una faccia, il Pci la smarrisce tanto da cambiare nome, l'aggettivo socialista diventa sinonimo di yuppie e viceversa, le signore spiritose vestono Moschino e i loro figli vanno in giro come il Bibendum Michelin, avviluppati dentro i piumini Moncler: sono i paninari, la prima generazione con l'ossessione dell'abbigliamento «firmato», quelli che preparano il successo di massa degli outlet nei decenni successivi, quelli che non se ne parla nemmeno di andare a mangiare un panino con gli amici al bar di piazza Liberty (il famoso bar Al panino, da cui l'appellativo «paninari») se non s'indossa l'uniforme del gruppo: piumino Moncler, jeans Levi's, camicia Naj Oleari, scarpe da barca Dockside (indossate anche, o forse soltanto, in pieno centro a Milano).

L'illusoria sensazione di crescita economica sul finire del decennio è l'ennesima dimostrazione della profezia che si autoadempie: basta crederci, e ci si comporta come se fosse vero. Merendine per tutti: potrebbe essere il piano di rinascita gastronomica della P2. La sinistra non si fa cogliere impreparata, sfodera le armi e il 16 dicembre 1986 «il manifesto» va in edicola con il primo numero del «Gambero Rosso», supplemento «mensile dei consumatori golosi e curiosi», che negli anni successivi svolgerà opera di evangelizzazione (così si esprimono i lettori salvati e convertiti sulla via del reparto surgelati). Di lì in poi, e per i decenni a venire, è tutto un proliferare di riviste, guide, inserti, dvd, televisioni tematiche dedicate alla cucina e alla ristorazione. Le collane gastronomiche salveranno il catalogo di molti editori.

Per mandare giù un decennio denso come gli anni Ottanta, non bastano le merendine: ci vuole un gusto rotondo, rassicurante, materno: quello della panna, che ci riconduce alla sensazione confortante della suzione al seno. Complici l'ormai affermata egemonia del metodo Uht, la diffusione del Tetra Brik, il jingle del cornetto Algida[2] e la risoluta volontà di non passare più di quindici minuti ai fornelli tra cottura della pasta e preparazione della salsa, la panna a lunga conservazione entra nei frigoriferi, nel cuore, e soprattutto nel gusto degli italiani – persino nei gusti letterari: uno dei maggiori successi del decennio è il romanzo *Treno di panna* di Andrea De Carlo, pubblicato da Einaudi nel 1981.

---

[2] Il cornetto Algida appare per la prima volta in cartellone nel 1960, ma il primo fortunatissimo jingle del «cuore di panna» è del 1979; il successo è tale da attenuare l'eco del contemporaneo «attacco al cuore dello Stato». Nello stesso anno, il cornetto Algida e la Bomboniera entrano nella distribuzione al cinema. L'Italia resterà a lungo uno dei pochi paesi dove, pur di conservare un posto di lavoro (quello dell'omino dei gelati), non si esiterà a spezzare a metà di un fotogramma i film che sono nati, in realtà, come unità narrative indivisibili.

1981. Nasce il modello Bimby 3300: una generazione di bimbynoni

Bambinoni come siamo in pieno riflusso, il nostro lato infantile in cucina salta subito in braccio al Bimby, fresco d'invenzione. Nato nel 1978 (modello Bimby 2200), perfezionato nel 1981 (modello Bimby 3300), il robot factotum da cucina che non si limita a montare, emulsionare, tritare eccetera, ma che effettua anche la cottura (risotto, pane, marmellata eccetera), si afferma negli anni Ottanta, si diffonde come un mutuo a tasso variabile negli anni Novanta, e diventerà uno status symbol nel Duemila, facendo da spartiacque: su un crinale quelli che ce l'hanno, sull'altro i puristi fautori del «fatto a mano». Un'ulteriore divisione va fatta tra chi ce l'ha e lo usa, e chi ce l'ha e lo tiene come la Ferrari nel garage. In un caso e nell'altro, il Bimby segna una generazione: quelli che sognano di non dover pensare a niente, tanto fa tutto lui.

Un'attitudine tipicamente italiana, in cucina come in piazza: la speranza che arrivi qualcun altro ad assumere responsabilità e prendere decisioni per noi, in una parola a governarci,[3] si può far risalire almeno ai tempi in cui Dante smaniava indirizzando epistole farneticanti alla volta di Arrigo VII, che secondo l'esule fiorentino avrebbe dovuto prendersi la briga di «liberare l'Italia dagli empii».[4]

---

[3] Curiosa, in quest'ottica, la comune etimologia che avvicina le governanti di casa e l'atto di rigovernare i piatti al semplice governo. Che i tempi siano maturi per le cuoche di Lenin?

[4] Più disincantata a questo proposito la visione del Manzoni: «col novo signore rimane l'antico,/ l'un popolo e l'altro sul collo vi sta./ Dividono i servi, dividon gli armenti;/ si posano insieme sui campi cruenti/ d'un volgo disperso che nome non ha». Meno *Promessi sposi*, più *Adelchi*, please.

Il Bimby, checché ne dicano i suoi detrattori (il risotto colloso, il pane mappazzoso), ha mostrato maggiore affidabilità di tante utopie populiste.

1982. Le fragole, completamente fuori posto

Nel 1982, a Milano il pranzo della domenica si chiama già brunch, come a New York. Il menu del brunch vuole essere innovativo, e a tal fine propone alcuni piatti che sono enormi taroccate, proprio come a New York, la New York dell'epoca: perché di lì a vent'anni, sarà sempre la grande mela, ma quanto a raffinatezza, a richiesta, saprà trasformarsi e sorprendere. A Milano nel 1982, il cameriere eccitato propone gli *specials*: «E poi, oggi, abbiamo il risotto alle fragole. Se non l'avete mai provato, ve lo consiglio». Conta mentalmente fino a tre perché già si aspetta gli occhi dei commensali spalancati su di lui: come se avesse proposto una variante inedita a una posizione del Kamasutra, e la tavolata, timorata di dio e del ragù alla bolognese, fosse lì per esclamare all'unisono: «Ma no! Cosa ci dice mai?!». L'importante è sorprendere, e pazienza se l'abbinamento fragole e riso è un po' copiato dal ristorante La Scaletta, dove la Milano bene va a mangiare alla moda. Il cameriere incalza: «Le fragole si sposano perfettamente con il riso, sono dolci, carnose, sensuali. Se volete provarlo, ne ho ancora quattro porzioni».

Questo dovrebbe essere l'argomento che mozza il picciolo alla fragola, ma le tavolate yuppie del fine settimana sono troppo sprovvedute per accorgersene. Il risotto è un piatto espresso, come fa l'azzimato cameriere ad averne ancora quattro porzioni? Semplice: il nome «risotto» è inappropriato, trattasi di riso all'inglese, lessato e poi insaporito nel burro, a cui sono state aggiunte all'ultimo delle mezze fragole tagliate come per una macedonia grossolana, una di quelle *fruit salad* che fanno a New York, per l'appunto, dove se uno non sta attento si ritrova un quarto di anguria e mezzo melone tagliati in due nella macedonia, *bonjour finesse*. Le fragole del sedicente risotto si sono un po' cotte con il calore del riso, una specie di *pulp story* culinaria, il riso(tto) anemico mantecato senza avarizia di panna, con nel mezzo 'sto cuor di fragola dissanguato, va' che tristezza, nemmeno De Amicis e la Tamaro messi insieme fan piangere tanto.

Ciò nondimeno, la cucina con la frutta è la più *fancy* del decennio: nell'autunno 1983 la rivista «Grand Gourmet» propone prosciutto glassato al mango, schiena di lepre con pompelmi e noci, cozze e lychees in crema al curry, sardine all'ananas, e una panoplia di risotti, non solo con le fragole ma con melone, con kiwi al prosecco, alle banane, con cocco e spumante, alle mandorle. Sono i prodromi del monopiatto: carboidrati, amidi, zuccheri, vitamine e proteine, tutto in una sola portata. Ci si guadagna in salute e si risparmia detersivo e piatti da lavare.

1982-83. Il lato colto de «La Gola» e quello edonista di «Grand Gourmet»

Nell'ottobre 1982 esce il primo numero de «La Gola», «mensile del cibo e delle tecniche di vita materiale». Colto, raffinato, con un approccio storico, culturale e sociale alla cucina, separa subito la sapienza del dandy dalla «voracità disordinata e occludente del borghese». Grafica sobria, anglosassone, niente foto, solo illustrazioni in bianco e nero. È il precursore ideale dell'inserto de «il manifesto», «Gambero Rosso», che apparirà il 16 dicembre 1986.

Apertamente edonista, sin dalle foto a tutta pagina, anticipa-trici del voyeurismo gastronomico che sfocerà nel pornofood, è invece «Grand Gourmet», che esce in edicola nella prima-vera 1983 e nell'estate dello stesso anno dedica una cospicua parte della rivista alla cucina giapponese, allora praticamente sconosciuta – o misconosciuta – in Italia.[5] Del *fugu*, il pesce la cui vescica biliare, fegato e ovaie sono mortalmente vele-nosi, dice: «Ogni anno [in Giappone, *nda*] sono circa trenta le vittime del *fugu*. Qualcuno di loro muore perché lo vuole: mangia scientemente il fegato, che ha un gusto divino, e sale nel paradiso dei gourmet». La decadenza è servita.

1983. *Il prezzo giusto dei fagioli*

Il 21 dicembre 1983 comincia su Italia Uno la trasmis-sione *Ok, il prezzo è giusto!* La conduttrice storica sarà Iva Zanicchi, anche se il presentatore nella serie iniziale è Gigi Sabani. Il format è la versione italiana di un popolarissimo show in onda negli Stati Uniti sin dal 1956. I concorrenti si mostrano preparatissimi nell'individuare il prezzo di generi alimentari da supermercato (o «da drogheria», come vengono chiamati). Sapere quanto costa un pacco di cracker fa vincere fior di premi.

Altro canale, altro successo: dall'83 all'85 va in onda su Rai Uno *Pronto, Raffaella?* L'audience è travolgente: prima, la tv a pranzo non la guardava nessuno; di colpo, la guardano 14 milioni di persone. Il clou del programma è il gioco dei fagioli: si tratta di indovinare quanti fagioli ci sono in un

---

[5] Al misconoscimento della cucina giapponese in Italia ha in parte contribuito l'approccio Fantozzi, come già accennato nel paragrafo *Cordon Bleu, vol-au-vent, Mont Blanc, vive la France!*

barattolo: sembra semplice, e invece il montepremi aumenta e la suspense è parossistica.

La tv italiana si vede anche in Albania. L'Italia trasmette di sé un'immagine di paese di Bengodi, dove basta sapere il prezzo di un pacco di caffè per vincere un'automobile o un montepremi milionario; un paese dove i fagioli sono proteine a così basso costo che non ci curiamo nemmeno più di cucinarli, ci divertiamo a contarli per gioco; un paese straripante di merendine, che nuota nella panna. Immigrati clandestinamente, gli albanesi abbagliati dalla tv verificheranno di persona che le cose non stanno proprio come ce le raccontiamo.[6]

Aprile 1986. Il miele di Černobyl

Ad aprile 1986, accade il disastro. Fusione nucleare al reattore di Černobyl, la radioattività sviluppata è 400 volte quella di Hiroshima. In seguito nasceranno leggende metropolitane sul latte di Černobyl, i funghi di Černobyl, le lattughe di Černobyl: l'ansia metterà in giro il terrore che tutto, invece di venire distrutto, sia stato trasformato dall'industria alimentare che intenderebbe propinarcelo nel lungo periodo. Il latte in polvere, per qualche anno, verrà guardato persino con più sospetto di quello che merita.

L'anno successivo, il 1987, accade di captare al supermercato questo dialogo tra madre e figlia.

---

[6] Nel 2010, in piena crisi economica, i fagioli saranno di nuovo cucinati con rispetto; utilizzati in passato per frenare la lievitazione della pasta frolla, e quindi eliminati, verranno sostituiti a questo scopo con appositi piombini da cucina (con venti fagioli ci si fa una porzione, perché mai immolarli sull'altare della crostata?).

«Mamma, compriamo il miele?» (con le mani già sul barattolo a metà strada tra scaffale e carrello).

«Ma no, lascia stare, è pieno di Černobyl!» (rimette il miele sullo scaffale).

Interessante l'uso metonimico del toponimo: il nome del luogo per significare tutti gli accidenti annessi e connessi.

Probabilmente gli italiani non hanno ancora capito cosa è la radioattività, ma per prudenza vogliono starne lontani, tanto che nell'87 votano no alle centrali nucleari. L'ossessione urbana che si sviluppa nel decennio successivo per i cibi puri e incontaminati acquista dimensioni transnazionali creando un mercato di nicchia che fa gola a molti e conquisterà scaffali «bio» anche nella grande distribuzione.

16 dicembre 1986. *Nasce il mensile «Gambero Rosso»*

È una svolta generazionale quando Stefano Bonilli, giornalista de «il manifesto», inviato politico per tutti gli anni Settanta, sterza in cucina e diventa direttore del «Gambero Rosso», mensile gastronomico allegato al quotidiano fondato da Lucio Magri. L'impostazione sobria ed elegante ne fa il prosecutore ideale de «La Gola,» mensile del cibo e delle tecniche di vita materiale, che cesserà la pubblicazione nel 1993. La grafica dei primi numeri non prevede fotografie (se non nelle poche pagine pubblicitarie). Insieme a Bonilli sterza un'intera generazione, forse delusa dal riflusso, forse disincantata riguardo al sogno di una società migliore, pronta a siglare l'accordo per una tavola e una cantina migliori. «Dalle barricate alle *barriques*» è un motto che segnerà gli ex sessantottini diventati avvocati, medici e commercialisti solidali, che, pasteggiando a Sauternes e Salon, vorrebbero il buon gusto, almeno a tavola, democratico per tutti.

Il successo del «Gambero Rosso» sarà tale da farne una vera e propria holding, che in pochi anni si staccherà dal quotidiano madre per diventare una casa editrice a sé stante, poi un canale televisivo, una scuola di giornalismo enogastronomico, un centro, «La città del gusto», che ospiterà al suo interno «Il teatro del gusto», dove gli chef, divenuti nel frattempo vere e proprie star, cucineranno in tournée sotto i riflettori per un pubblico sempre più informato, sempre più esigente, sempre più adorante.

1987. *Il marketing, dal ritorno alla natura al nome del cacao*

Negli anni Ottanta si placa la tempesta e maleolente nella valle il fiume inquinato appare. Degli augelli nessuna traccia, perché gli han fatto la festa. Ci si guarda intorno e si constata il disastro culturale e ambientale (appositi ministeri vengono creati *ad hoc*). A sinistra ci si chiede: conserviamo i posti di lavoro nelle fabbriche, o gridiamo «dagli agli untori industriali»? L'attimo di perplessità è fatale e si viene sorpassati a destra dai radicali. Il sole che ride vuole riportare il bello e il puro, o almeno ci prova. L'industria alimentare cavalca l'onda e trova lo slogan giusto invitandoci a mangiare sano, tornare alla natura. Nel 1986 nasce Fattoria Scaldasole, aprono i primi supermercati biologici, che all'epoca sono ancora luoghi esoterici frequentati da seguaci del macrobiotico.[7]

Tornare alla natura sta a metà tra l'utopia e fare di scarsità (petrolifera) virtù. Del resto, mai come negli anni Ottanta

---

[7] Il primo supermercato Natura Sì aprirà a Verona nel 1992; negli anni Novanta il «bio» conquisterà fette sempre più importanti di mercato, sino a diventare il business alimentare dei decenni successivi.

ha successo il piano di rinascita gastronomica della P2: la tv, che si prende in media due ore e mezzo al giorno della vita degli italiani, manda in onda programmi che piacciono agli sponsor. Viviamo di ossessioni indotte, e la prova magistrale ce la dà Renzo Arbore, che nel 1987 arriva a farci desiderare di assaggiare un prodotto che non esiste, il Cacao Meravigliao, fantomatico sponsor della trasmissione *Indietro tutta!*, nonché lezione di marketing e advertising di levatura universitaria: basta pubblicizzare un prodotto perché la gente desideri acquistarlo, anche se il prodotto in questione non esiste.

1989. *Slow Food si taglia i baffi*

Nasce nel 1986 Arcigola Slow Food, la cui prima iniziativa è la mobilitazione contro l'apertura di un McDonald's a piazza di Spagna. Il prefisso Arci (Associazione ricreativa e culturale italiana) diventa ben presto una zavorra di cui liberarsi: è come i baffi di D'Alema, ricordano i comunisti mangia-bambini – se D'Alema li tagliasse, sai quanta gente voterebbe a sinistra. D'Alema non taglia, Carlo Petrini sì. Nel 1989 a Parigi viene sottoscritto lo statuto internazionale del movimento Slow Food (senza più Arcigola, realtà troppo baffuta che ostacola l'afflato pan-planetario), firmato in calce da delegati di quindici nazioni. Slow Food si espanderà negli anni sino a comprendere 150 paesi, per un totale di circa centomila iscritti.[8]

In pieno riflusso, mentre l'Italia non ha ancora finito di riprendersi dalle lotte armate del decennio precedente, Slow Food compie un sorpasso non immediatamente ponderabile

---

[8] Dati forniti da Slow Food aggiornati al 2011.

e realizza quello che non hanno realizzato anni di lotta filo-proletaria: l'opposizione al Sim. Con Slow Food, la maionese recupererà l'artigianalità, l'uovo non sarà pastorizzato ma deposto da una gallina che razzola libera, l'olio sarà molito a freddo non più di dodici ore dopo la brucatura delle olive, realizzata rigorosamente a mano; il sale sarà fior di sale che non ha mai conosciuto l'ignominia dell'aggiunta di iodio, e i limoni saranno presto un presidio. Carlo Petrini, che non imparerà mai l'inglese, e spesso si esprime in dialetto albese, riesce a comunicare al mondo un'idea artigianale di cibo, e nel primo decennio del Duemila verrà annoverato tra i personaggi più influenti a livello mondiale.

Mangiare non è solo un atto agricolo. Senza mai avere bisogno di affermarlo, Slow Food mostra che è anche un atto politico. Le Br, come provano le note della spesa di Anna Laura Braghetti, erano lontane anni luce.

Gli anni Ottanta: in & out in cucina

IN:
- la panna da cucina Uht
- l'aperitivo alla milanese che funge da cena, risparmia calorie, ed è *social*
- la pasta corta (più mammona con le salse a base di panna)
- il cartoccio: all'epoca è ancora fatto con carta di alluminio (un must gli spaghetti di scoglio al cartoccio)
- la cioccolata al latte: consolatoria e pannosa
- il tiramisù
- le monoporzioni
- i bar che servono pranzo
- le merendine

OUT:

- il barbecue: un invito da barbari e si esce tutti puzzoni
- il vino bianco, roba da signorine, e poi con tutta 'sta panna ci vuole una nota di colore nel bicchiere, per contrasto
- il peperoncino: volgare, a meno che sia etnico
- la frutta servita con le posate a fine pasto: basta con le torture alla Fantozzi, la frutta ce la mangiamo di nascosto nel cucinino vicino alla pattumiera, dilaniandola con le mani che ci asciughiamo direttamente sul torcione ricamato della mamma, alla faccia del galateo e delle ciotole con acqua e limone
- i formaggi stagionati: a meno di grattugiarli sulla pasta, tocca masticarli. Vuoi mettere con lo squacquerone e il Camembert?

Le ossessioni culinarie negli anni Ottanta

I tortellini alla panna

Di mamma ce n'è una sola. Quella dei tortellini alla panna
si chiama Cesarina Masi, aveva una trattoria a Bologna
negli anni Quaranta, ed era certamente ignara che la sua
invenzione, una cucchiaiata di panna fresca per raccremare
i classici tortellini burro e Parmigiano, sarebbe diventata
un cult di lì a qualche decennio. La differenza rispetto alla
vulgata degli anni Ottanta è che Cesarina faceva da sé la
sfoglia e il ripieno, e probabilmente conosceva, se non la
mucca direttamente, la persona che l'aveva munta e che poi
aveva lasciato riposare il latte crudo in una grande bacinella
nottetempo, per raccogliere la panna affiorata in superficie
la mattina successiva.

I tortellini alla panna della Cesarina non avrebbero fatto
generazioni di proseliti se la possente signora non avesse
lasciato la natia Bologna per la Roma della Dolce Vita,
dove i suoi tortellini, in un ristorante aperto dalle parti di
via Veneto, conquistarono il jet set internazionale.

La vulgata yuppie del verbo della Cesarina si diffonde
grazie alla facilità di esecuzione in un clima in cui chi dice
tortellino dice Giovanni Rana; il signor Rana compare
talmente spesso in tv, nei suoi spot pubblicitari, che ci

sembra di conoscerlo e prendiamo i suoi tortellini come se li avesse appena pizzicati la Cesarina. Nella cucchiaiata di panna usata per stemperarli si smontano le ideologie, in un inno all'edonismo individualista. Quando il signor Rana e i suoi epigoni cominciano a produrre le monoporzioni, i tortellini alla panna diventano la consolazione dei single.

La panna, *en passant*, negli anni Ottanta macchia persino la carbonara: se non si è lesti a raccremare le uova sbattute, si rischia di trasformare la carbonara in una frittata di pasta; le mani malferme dei cuochi dilettanti trovano la soluzione: appannano la salsa, e la frittata è scongiurata (ma solo fuor di metafora).

Il filetto al pepe verde

Il filetto, a partire dagli anni Ottanta, segna l'avvento del single come categoria sociale appetibile, persino ambita. Prima degli anni Ottanta c'erano scapoli e zitelle, come dire scampoli di un tessuto sociale ordito su coppia e famiglia, rimanenze di un mercato incapace di smaltire le scorte, sparuta minoranza per lo più attenta al borsellino e quindi raramente dedita ai piaceri della carne, se non sotto forma di fettina impanata (tanta impanatura, che costa poco, e pochissima carne, che costa troppo).

Il filetto segna anche l'era dello yuppismo, del macellaio come status symbol. Io vado dal Cecchini, tu da chi vai? È lo yuppie degli anni Ottanta che avvia la fortuna dei macellai: single, con stipendio superiore alla media, e conoscenze di cucina largamente inferiori, è l'acquirente ideale del filetto, parte meno apprezzata dai veri buongustai, però facile da cucinare, «due giri in padella, tac, tac» e ti dà la sensazione di pasteggiare come da Gualtiero Marchesi... perché lo yuppie, se conosce un cuoco, a parte quello della trattoria sotto casa, conosce – per lo più per sentito dire– solo Gualtiero Marchesi. A furia di tv e scarpe rosse, gli entrerà in testa anche l'immagine di Gianfranco Vissani. Poi verranno gli anni Novanta, e dai cuochi-star si salvi chi può.

Il filetto rivela anche l'ottusità di chi, piuttosto di chiedere al macellaio che cos'è quel taglio lì e che cosa ci si potrebbe cucinare di buono (cioè: piuttosto di ammettere la propria ignoranza e di manifestare il desiderio e la disponibilità a imparare), preferisce acquistare l'unico taglio di cui conosce il nome (a chiedere la campanella avrebbe paura di vedersi reindirizzare verso la ferramenta); peraltro, a un buon 30 per cento – computo ottimistico – di quelli che comprano il filetto, gli si potrebbe rifilare pure della fesa o un pezzo di girello, magari persino un polmone, se ne tornerebbero a casa con il loro pacchettino con su il logo del macellaio di grido, tutti contenti. Tac, tac, due giri in padella e due grani di pepe verde in salamoia, che vuoi di più dalla vita?

Le calorie

Negli anni Ottanta, gli italiani scoprono in massa le calorie. Alla base della scoperta c'è la passione nazionale per l'identificazione del responsabile. «Deve parlare con il responsabile», «Chi è il responsabile?», «Inoltri la sua lamentela al responsabile»... Per ogni disastro, c'è un responsabile; tanto maggiore è il disastro, tanto aumentano le probabilità che il responsabile resti ignoto (e impunito). Ma se il disastro è l'adipe, l'obesità, la ciccia, il processo è sommario: responsabili sono le calorie. Tutto quel che mangiamo, mannaggia, ha delle calorie. Il fatto che abbia anche vitamine, proteine, sali minerali eccetera, all'epoca, è marginale: le signore cominciano a girare con il borsino delle calorie nella borsetta e molte conoscono a memoria l'apporto calorico degli alimenti. Sugli incarti di diversi prodotti industriali fanno la loro comparsa le informazioni nutrizionali: calorie, vitamine, sali minerali, grassi saturi e insaturi; acquisiamo familiarità con il concetto di Rda (Recommended Daily Allowance, dose giornaliera raccomandata). Il cibo, solo quarant'anni prima ancora scarso, è così abbondante che è diventato un nemico. Collegato alle calorie, nasce il senso di colpa, più grave e sentito dei peccatucci quaresimali alla Fogazzaro, tipo mangiare l'ovetto di venerdì. Il contrappasso delle grandi mangiate è la palestra, parola d'ordine «bruciare i grassi». Gettonatissimo, tra gli stuzzichini per l'aperitivo, il finocchio tagliato a listelli: ha calorie prossime allo zero e passa nel tubo digerente senza lasciare sensi di colpa.

Nei decenni successivi impareremo a distinguere tra calorie buone e cattive, colesterolo buono e cattivo, ma per adesso è guerra cieca alle calorie. La Weight Watchers, attiva in Italia dal 1973, arriva a totalizzare circa 150 sedi in tutto il territorio nazionale. Dimagrire è il business degli anni Ottanta.[1]

La torta della nonna

I pinoli ti attendono alla resa dei conti: negli anni Ottanta non c'è trattoria che non offra la «torta della nonna». La nonna in questione non è una vecchia carina con i capelli

---

[1] Weight Watchers chiude inaspettatamente, come un file corrotto, nel 2006, lasciando a spasso una settantina di dipendenti, che invece di mettersi a dieta forzata causa perdita del posto di lavoro recupereranno file e business fondando una nuova rete di centri per il controllo del peso.

azzurrognoli e l'hobby della pasticceria, magari autrice di una sua personalissima ricetta tanto meritevole che i nipoti l'hanno inserita nel menu. La «pasta frolla con crema pasticciera al profumo di limone, ricoperta con pinoli e mandorle» è la spersonalizzazione del concetto di nonna. Presenzialista, sempre uguale a se stessa, la torta della nonna è prodotta da Bindi, il cui brand recita «fantasia nel dessert». Negli anni Ottanta, Bindi fa il gran salto e da realtà cittadina[2] comincia a rifornire ristoranti in tutta la penisola. Per certuni è rassicurante come McDonald's: ovunque tu vada, ti attende la stessa torta.[3] Le nonne, si sa, non amano troppo le sorprese.

La grigliata mista

Il successo della grigliata mista è direttamente proporzionale alla temuta minaccia delle calorie insita nei carboidrati, ma consiste soprattutto nel sollevamento da una pesante incombenza: la grigliata ci evita di scegliere, o meglio, ci dà la sensazione di scegliere, ma per linee generali, senza avventurarci nel particolare, senza una vera assunzione di responsabilità (è anche il segreto del successo di certe compagini elettorali). Facciamo una scelta di principio, per massimi sistemi, e quel che ci ritroveremo nel piatto non sarà che l'occorrenza singola di un concetto astratto. Se la

---

[2] Bindi nasce come piccola pasticceria fondata a Milano nel 1946 da Attilio Bindi. Insieme al figlio Romano, Bindi ha un'idea portentosa: in un tempo che varia da 45 minuti a 2 ore consegna ai ristoranti il dessert richiesto. Con il nuovo millennio, Bindi approda oltreoceano.
[3] Le due aziende finiranno difatti per collaborare all'inizio del millennio; sarà Bindi a rifornire i McCafé e a realizzare in serie il dessert studiato da Gualtiero Marchesi per McDonald's.

grigliata mista è di carne, abbonderanno le salsicce, ci sarà una lombata di maiale, scarseggerà il manzo, che comunque sarà stracotto e secco, trattandosi di un taglio sbagliato o di scarsa qualità, contrappasso necessario dell'abbondante quando non straripante quantità. Se la grigliata mista è di pesce, ci sarà un polpo bruciacchiato e amarognolo, un calamaro tendente al tostato, un saraghetto infante giustiziato benché innocente, un gamberone per mascherare la fregatura: i gamberoni costano, vedi che l'oste non ha badato a spese. In entrambi i casi, uno spicchio di limone viene posato a lato come una prece, un *requiescat*.

Il profiterol(e)

Nella trattoria sotto casa non manca mai. Il problema vero è come scriverlo sul menu: a adottare la forma francese corretta si rischia di passare per snob, così molte trattorie optano per la traslitterazione all'italiana, una cosa alla buona che non metta in difficoltà la gente che non sa il francese e che poi non lo ordinerebbe onde evitare l'imbarazzo di sentirsi correggere dal cameriere la pronuncia errata. Sembrano già troppi problemi per un dessert, ma ciò non intacca la popolarità del profiterol, come lo scrivono molti[4] (mimando la pronuncia secondo l'ortografia italiana).

A vedere il dessert servito dal cameriere, viene il sospetto che il singolare profiterol non sia una semplificazione linguistica, quanto un'onesta didascalia: spesso il bignè di pasta *choux* farcito di crema pannosa alla vaniglia e coperto di una crema burrosa al cioccolato viaggia dalla cucina al

---

[4] A inizio millennio, il dolce compare con questa grafia semplificata anche sul sito Bindi.

tavolo in totale solitudine, uno per porzione. Come già la torta della nonna, anche il profiterol è uguale ovunque, con minime varianti: la crema di copertura sperimenta nuance al cioccolato scuro, al cioccolato al latte, al cioccolato bianco... sono tutti e tre assai delicati e soddisfano la voglia di dolce senza lasciare traccia nella memoria.

La torta di cioccolato all'hashish

Negli anni Settanta, hashish e marijuana sono un rito di appartenenza al gruppo. Passarsi la canna è il nuovo calumet della pace; poi vengono gli anni Ottanta con la scoperta della cucina e l'affrancamento della gola dai vizi capitali (è una sorta di amnistia plebiscitaria: siccome pecchiamo tutti, il peccato è lavato dall'indulto). La fase orale del decennio prevede di far slittare al gusto anche piaceri che sono appartenuti ad altri sensi. La torta di cioccolato all'hashish ne è un chiacchierato esempio. Se ne vocifera tra ex compagni di liceo, si confrontano ricette, c'è sempre qualcuno che si è iscritto a medicina o farmacia e pavento i contro piuttosto che i pro, o viceversa. Ci sono gli igienisti che temono di contrarre un'infezione all'apparato digerente, i golosi che obiettano sulla qualità di cioccolato ottimale.[5] Tutti concordano su un solo particolare: l'hashish va disciolto nel burro fatto fondere a fuoco bassissimo per un tempo piuttosto lungo (senza farlo soffriggere). Il cioccolato serve per esaltarne l'aroma, o forse come tautologia, visto che è il nome in gergo dell'hashish.

---

[5] Negli anni Ottanta il cioccolato si esprime ancora in una semplice dicotomia, fondente *versus* al latte; l'aggettivo «fondente» cessa di avere senso nel decennio successivo, quando il cioccolato scoprirà il pluralismo con monocultivar, percentuali di cacao e zucchero, e il latte sarà snobbato.

Come una fantasia erotica solo accarezzata, la torta di cioccolato e hashish non ha strettamente bisogno di attuarsi nella realtà. Sospesa tra sogno e desiderio, dà il massimo di sé, e non rischia di bruciare in forno.

La cucina della ggente

Il paradosso del tramezzino

Gli anni Ottanta sono veloci, dinamici, creativi. Pensiamo di avere un futuro da costruire e non possiamo interrompere per pranzo.[1] È la stagione del tramezzino, declinato in tutti i ripieni: dal classico formaggio e prosciutto allo sfizioso tonno, peperoni e crescenza. Si mangia in piedi al bar, per tornare subito in ufficio. Ci si sente *very busy* nel rifiutare di sedersi. Solo l'avventore accorto sa che prima di ordinare deve guardare gli angoli del pane a cassetta: se sono arricciati all'insù, il tramezzino in questione ha già conosciuto il tedio dell'attesa nella vetrinetta del bar.

Il paradosso del tramezzino consiste nella spalmata di maionese. Lasciamo perdere che non è mai fatta in casa o fresca, il fatto è che la maionese nasce come salsa da consumare cruda. Invece appena parte l'ordine del tramezzino si sente l'eco del barista: «Glielo scaldo?» o anche solo «Scal-

---

[1] Anche la rivista «La Gola» (n. 49, ottobre 1986) registra la tendenza in atto di striminzire il pranzo in un tramezzino, panino, o hamburger. Si modifica anche la colazione: gli scaffali della grande distribuzione danno sempre più spazio ai cereali, che solo qualche anno prima facevano tristezza.

do?» se il cliente non merita l'attenzione di un pronome. E così ci trasformiamo in una generazione di mangiatori di maionese calda.

Il frigorifero di Craxi

In un'Italia che rispetta ancora regole bon ton come quella di non aprire il frigorifero in casa d'altri, nella dimora milanese di Bettino Craxi due persone non vanno soggette a questa limitazione. Claudio Martelli, all'epoca deputato e futuro guardasigilli, e Silvano Larini, detto anche «Silvano il Pirata», intascatore di tangenti per conto del segretario del Psi. Latitante all'epoca di Tangentopoli, Larini patteggerà nel 1996 al processo per le mazzette della metropolitana di Milano e ammetterà che effettivamente solo lui e Martelli avevano licenza di aprire il frigorifero a casa Craxi, ma con una differenza significativa: «Io lo aprivo per metterci le bottiglie di Champagne, Claudio per bersele». Anche i frigoriferi raccontano storie di potere.[2]

---

[2] Negli stessi anni, il magazine del quotidiano «la Repubblica», «il Venerdì», dedica una rubrica a curiosare nel frigorifero dei vip. Talvolta, nel vedere la foto, mette tristezza l'angusta selezione gastronomica a fronte della disponibilità monetaria e culturale dell'ospite di turno.

Buon compleanno con Saint-Honoré e tiramisù!

Sarà che il nome rievoca le griffe dell'omonimo Faubourg parigino,[1] sarà che, nonostante sia stata Caterina de' Medici a portare in Francia la cucina e l'uso delle posate, siamo ancora culinariamente asserviti ai parenti «ricchi», i francesi, che hanno saputo divulgare il loro stile culinario nel mondo. Fatto sta che la passione crescente per panna, creme e bigné porta in auge il Saint-Honoré, disponibile anche in versione *cheap & chic*: la torta gelato Saint-Honoré. Curioso il fatto che, nella forma abbreviata, la torta diventi maschile: nell'uso comune si dice *il* Saint-Honoré. Sarà questo che ne fa un *power-cake* da compleanno? Il Saint-Honoré, più che una torta, è uno status symbol, e per alcuni è la prova che si è saputo pronunciare il nome per ordinarla in pasticceria.

Nelle festicciole casalinghe, invece, trionfa il tiramisù (maschile pure lui, oltre che parimenti cremoso e pannoso: è un decennio in cui proprio non abbiamo voglia di masticare). Il successo mondiale del tiramisù negli anni Novanta (complice Arrigo Cipriani, che lo porta a New York, e Bindi dessert, che apre la divisione Usa) farà del mascarpone il formaggio italiano più conosciuto dopo il Parmigiano Reggiano.

---

[1] In realtà la torta porta il nome del santo patrono dei pasticcieri francesi.

Un decennio passato a bere

Negli anni Ottanta siamo ricchi, tanto da entrare al quinto posto tra le potenze economiche del pianeta; produciamo il 6 per cento in più del reddito rispetto alla media delle altre nazioni europee, e consumiamo il 13 per cento in più della media europea.[1] Occorre brindare e lo facciamo con un vino solido come un investimento in buoni del tesoro: il Barolo. Grazie a un produttore particolarmente comunicativo e versato nell'inglese, Angelo Gaja, il Barolo fa il giro del mondo, e il mondo viene a farsi un giro nelle Langhe, dove contestualmente trova anche i tartufi. Il Piemonte diventa la nuova Toscana: dopo il Chiantishire, ecco le Langheshire. Barolo e tartufi, che erano una *délicatesse* da contadini, diventano l'emblema della riuscita sociale, un bere e un mangiare da conoscitori, prima ancora che da signori (c'è annata e annata, sia per l'uno che per gli altri). Un vezzo diffuso nei compleanni chic è stappare una bottiglia di Barolo dell'annata in cui si è nati.

Chi non si può permettere un Barolo vintage e cerca comunque di dribblare i vini col metanolo[2] opta per l'alter-

---

[1] Si veda Simona Colarizi, *Storia del Novecento italiano*, Bur, Milano 2000, p. 458.
[2] Lo scandalo dei vini al metanolo scoppia nel 1986.

nativa del Barolo Chinato, un Barolo speziato con la china e altre erbe amare, che lo fanno diventare un digestivo. Da non confondere, come farà la caporedattrice di un noto mensile, con il manzo di razza chianina (la rivista «Marie Claire» conierà la definizione di «Barolo chianino»). Sugli scaffali del supermercato, intanto, regna il Galestro capsula viola, descritto con gli aggettivi che si vorrebbero applicare per proprietà transitiva al pubblico che lo beve: «chiaro, fresco, leggero, fruttato, giovane, elegante». È una società yuppie, beve a propria immagine e somiglianza.

La mixologia si adatta all'egemonia della panna e crea l'Alexander, cocktail a base pannosa che va fortissimo per tutto il decennio, ma fa prestissimo a cadere in oblio. Per le stesse pannose ragioni ci piace il Baileys Irish Cream. Abbiamo gusti dolciastri e semplicotti: più che cocktail, beviamo tandem, come gin tonic, rhum e Coca, whisky e Coca. Tra le universitarie va per la maggiore un beverone di succo di frutta alla pera e Cointreau. Siamo salutisti, edonisti, palestrati e sempre in lotta con le calorie, ragion per cui adoriamo i soft drink, beveroni di frutta vagamente o per niente alcolici. Nasce negli anni Ottanta il Cosmopolitan, destinato a conquistare le trentenni di tutto il mondo grazie al successo di *Sex and the City* nel decennio successivo.

Mangiamoci su
Menu vintage anni Ottanta

Si trovano certi pastrocchi di ricette, cercando a ritroso nel decennio, che viene da chiedersi, ma come è possibile, davvero mangiavamo 'sti pastoni? E sì che, anagraficamente, io c'ero...

Risotto con le fragole (e le sue varianti)

I gourmet degli anni Ottanta sono come i newyorkesi del Duemila: amano la difficoltà. L'olio di vinaccioli listato tra gli ingredienti è pane per i loro denti: già pregustano le incursioni nelle dieci migliori drogherie della città, e il momento in cui il pizzicagnolo dovrà ammettere pubblicamente di non avere, e men che meno di conoscere, l'olio di vinaccioli. Anche l'appellativo «crema di latte» dà adito a qualche incertezza, in particolare quando al supermercato si ha già la mano pronta a carpire la panna Uht. La crema di latte fresca è di assai difficile reperibilità nell'Italia degli anni Ottanta, e pure la salsa inglese utilizzata nella variante con cocco e spumante (pigrizia del redattore il non voler verificare lo spelling della Worcestershire Sauce, sbrigativamente bollata come salsa inglese?); ma così la ricetta è più enigmatica, più eroica ed epica l'esecuzione.

Lavare 250 g di fragolette di bosco, in mancanza di queste 250 g di fragoloni di coltura. In tal caso tagliare ogni fragolone in quattro spicchi. Tritare finemente il bianco di due porri e farlo imbiondire in 30 g di burro e in quattro cucchiai d'olio di vinaccioli. Aggiungere allora 350 g di riso Vialone nano, insaporire mescolando un poco, poi irrorare con un bicchiere di vino bianco secco. Mescolare ancora sino a che l'alcol evapori e bruci. Incorporare quindi le fragolette o gli spicchi di fragoloni, e miscelare sempre, aggiungendo un po' per volta del brodo di dado di pollo (due dadi e 800 g di acqua) tenuto costantemente in bollore. A tre quarti della cottura legare con un decilitro di panna e con 50 g di Parmigiano grattugiato. Sistemare di sale e, volendo, pepe e portare a cottura completa. Servire in pirofila guarnendo con qualche fragolina fresca o con qualche fragolone.

Risotto col melone

Come sopra, sostituendo le fragole con 300 g di polpa di melone tagliata a cubetti. Rendere piccante con un paio di spruzzate di salsa inglese e con un cucchiaino raso di polvere di curry, aggiunta insieme alla panna.

Risotto con kiwi al Prosecco

Come il risotto di fragole, sostituendole con 250 g di polpa di kiwi, tagliata a cubettini, e irrorando con vino prosecco.

Risotto alle banane

Come sopra, sostituendo i cubettini di kiwi con dadolini di banane mature. Servire cospargendo di zucchero e cannella.

Risotto con cocco e spumante

Tritare finemente due cipolle dolci e due spicchi d'aglio. Far imbiondire in 50 g di burro e in tre cucchiai d'olio di vinaccioli. Incorporare 350 g di Vialone nano, tostando leggermente il riso, che irrorerete con un bicchiere di spumante italiano (a base di Pinot Grigio). Portare avanti il risotto con brodo di dado tenuto sempre in bollore e aggiunto un po' per volta. A due terzi di cottura incorporare 200 g di cocco fresco grattugiato, 50 g di Parmigiano grattugiato e 1 dl di crema di latte. Mescolare ben bene. Sistemare di sale e rendere piccante con due spruzzate di salsa inglese.

Risotto alle mandorle
Come sopra, sostituendo il cocco con 150 g di mandorle fresche sbucciate e macinate al mulinello.

«Grand Gourmet», n. 3, autunno 1983

Pennette vodka e salmone

Una mania generazionale che si ripresenterà dopo un ventennio, come i Pooh.

400 g di pennette, 100 g di salmone affumicato, 1 cucchiaio di olio, 2 bicchierini di vodka, 1 bicchiere di panna da cucina, qualche fogliolina di menta, sale

Tagliuzzate il salmone e spadellatelo con l'olio per qualche minuto; versate la vodka e lasciate evaporare, a fuoco medio-basso per 5 minuti; unite la panna e lasciate sobbollire per 7-8 minuti finché il sugo si addensa; salate tenendo presente che il salmone è già molto saporito.
Lessate le pennette, scolatele al dente e saltatele in padella con il sugo, mescolando con cura finché il condimento le riveste uniformemente.

Servite in tavola spruzzando un goccio di vodka su ogni piatto; guarnite con foglioline di menta.

Ricetta della madre dell'autore

Tortellini alla panna (con l'optional del prosciutto)

La cucina a portata di yuppie: impossibile impiegare più di dieci minuti dal momento in cui bolle l'acqua! Una variante, ancorché pleonastica, sono i tortellini panna e prosciutto: pleonastica perché così la carne sta sia dentro che fuori il tortellino.

Ingredienti:
una confezione di tortellini pronti; una confezione di panna Uht, sale, pepe, burro, Parmigiano Reggiano grattugiato. Facoltativo: noce moscata

Lessate i tortellini in acqua bollente e scolateli al dente. In una padella, sciogliete il burro, versate i tortellini, la panna, mescolate con delicatezza finché la panna ha rivestito completamente i tortellini. Regolate sale e pepe, servite e cospargete a piacere con Parmigiano Reggiano grattugiato e noce moscata grattugiata.

Variante panna e prosciutto: si tritano 100 g di prosciutto per 4 persone, si aggiunge il prosciutto al burro sciolto in padella, si spadella un minutino, si aggiunge la panna e si procede come per la ricetta base.

Ricetta di una zia dell'autore

Spaghetti con granchio, panna, maionese e ketchup

Scagli la prima pietra eccetera eccetera. Questa ricetta appartiene alla mia collezione giovanile, e ricordo le incursioni eroiche dai droghieri più cari della città alla ricerca della polpa di granchio, allora ingrediente esotico e chic. Avevo il coraggio di chiamarli spaghetti cantonesi, e merito il castigo autoinflitto del pubblico ludibrio.

500 g di spaghetti, g 200 di polpa di granchio, g 25 di cetriolini sott'aceto tagliati a fettine sottile, g 150 di maionese, mezzo cucchiaino di ketchup, mezzo cucchiaino di zafferano, un decilitro di panna, un bicchierino di Marsala secco, sale.

Stemperate lo zafferano in poca panna. Unite il tutto alla maionese, insieme al Marsala, i cetriolini e la panna rimasta. Eliminate le cartilagini dalla polpa di granchio; sbriciolatela e unitela alla salsa. Aggiungete il ketchup e mescolate con cura. Cuocete gli spaghetti in abbondante acqua bollente salata e scolateli al dente. Fermate la cottura passandoli sotto l'acqua fredda corrente. Scolateli molto bene e conditeli con la salsa preparata.

   Disponete gli spaghetti sul piatto di portata e teneteli in frigorifero. Toglieteli trenta minuti prima di servirli.

Ricetta dell'autore da giovane

Mousse di caviale

Nel 1986, l'anno in cui gli italiani gridano per la seconda volta in un decennio allo scandalo del calcio-scommesse, esce in

Inghilterra un libro intitolato The Book of Hors d'Oeuvres. *Significativo il titolo che nel primo decennio del Duemila sarebbe stato, senza complessi d'inferiorità,* The Book of Appetizers, *o* The Book of Starters; *ma nel 1986 Heston Blumenthal e Massimo Bottura sono gastronomicamente infanti, sicché gli inglesi come pure gli italiani trovano più chic parlare francese in cucina.*

Fra le ricette del Book, *pubblicato in Italia nel 1987 da Mondadori con il titolo* Il grande libro degli antipasti, *colpisce questa mousse di caviale, un modo quasi certo di rovinare un milioncino di caviale (prezzo approssimativo stimato sulla varietà Beluga e sul potere d'acquisto della lira negli anni Ottanta) che sarebbe stato fantastico scucchiaiato direttamente dalla scatola. La ricetta è trascritta integralmente rispettando le scelte lessicali del traduttore.*

Ingredienti: 250 g di caviale, 5 g di colla di pesce, 120 g di acqua, 300 g di panna, il sugo [*sic*] di un grosso limone, 3 cipollini novelli tritati fini, per guarnire, uova sode ed erbe aromatiche fresche (facoltativo).

Meglio non preparare questa mousse più di 24 ore prima di servire. Mettete la colla di pesce a bagno per 10 minuti in acqua fredda. Scaldate 120 g d'acqua, unite la colla di pesce ben scolata, mescolate finché è sciolta. Lasciatela raffreddare, poi incorporatela al caviale.

Versate il miscuglio [*sic*, si noti la scelta lessicale del traduttore, *nda*] in quattro stampini o in uno stampo più grande e mettetelo in frigorifero finché è assodato [*sic*, refuso o scelta semantica del traduttore? *nda*]. Intanto mescolate alla panna il sugo [*sic*] di limone e i cipollini [*sic*, specie ibrida tra cipolline e cipollotti? Nessuna salvifica foto illustra il prodotto, *nda*] e tenete a calore ambiente finché la panna è inacidita e addensata, poi passate in frigo sino al momento dell'uso.

Immergete brevemente gli stampini in acqua calda, asciugateli, capovolgeteli in un piatto di portata. Guarnite con forme ritagliate negli albumi d'uova sode, coi tuorli passati al setaccio, con erbe fresche e servite accompagnando con la panna acida e con spicchi di limone.

Da *Il grande libro degli antipasti*, Mondadori,
Milano 1987

Prosciutto e kiwi

L'idea non è male in sé: il fatto è che i kiwi in commercio sono per lo più aspri, troppo sodi e non si riesce a ridurli in purea. Inoltre la purea non si contrappone alla consistenza del prosciutto. Negli anni Ottanta si vuol fare qualcosa di diverso a tutti i costi, anche denigrando l'avito prosciutto e melone. È la vulgata della Nouvelle Cuisine, che fa venir voglia di esclamare «A ridatece er melone!».

Si pelano un paio di kiwi maturi e si riducono in purea. Si serve il prosciutto crudo di Parma con la purea di kiwi.

Ricetta di una zia dell'autore

Cocktail di gamberetti

Quelli della mamma, manco a dirlo, sono surgelati: la signora deve mandare avanti una famiglia di almeno quattro persone, coi conti da far quadrare a fine mese. La mamma non lo pre-

senta nemmeno in tavola con il nome «cocktail», un po' perché le sembra pretenzioso, un po' perché non riesce a pronunciarlo bene e non vuole che i figli la prendano in giro. *Ciò nondimeno vuole dare una lezione a quegli smorfiosi, e far vedere che sa cucinare anche piatti alla moda, mica solo il vitello tonnato.*

Ingredienti:
una busta da 500 g di gamberetti surgelati, un vasetto di maionese, 100 cc di panna, 1 cucchiaiata di ketchup, sale, pepe, qualche foglia di prezzemolo, 1 grossa foglia di lattuga iceberg.

Lessate i gamberetti in acqua bollente. Se volete essere filologici, ricordate che negli anni Ottanta li si faceva leggermente scuocere. Se per voi il revival ha un limite, limitatevi a sbollentarli. In una terrina, amalgamate la maionese, la panna e il ketchup; regolate sale e pepe, unite i gamberetti raffreddati, e mescolate delicatamente. Servite nei bicchieri da Martini rivestiti con una foglia di lattuga iceberg a cui avrete levato la costola centrale. Guarnite con foglie di prezzemolo. Sbagliate leggermente la temperatura di servizio [in genere li si metteva in frigorifero, li si tirava fuori all'ultimo momento, e la panna fredda di frigo rendeva la salsa un blob compatto, *nda*].

Liberamente adattato dal ricettario della madre dell'autore

Aspic (& glasnost')

Dalla Russia, a partire dal 1986, viene una ventata di glasnost'. La trasparenza dell'informazione, in cucina, si traduce nell'aspic: un grande ritorno dei piatti in gelatina degli anni

Cinquanta e Sessanta, ma questa volta s'imbocca subito la scorciatoia e la gelatina si ottiene con un preparato industriale. Nella seconda metà degli anni Ottanta, gli aspic proliferano in bella vista sulle riviste di cucina. Una nota curiosa è che sullo stesso numero di «Tutto cucina» da cui è tratta questa ricetta, una foto della rubrica vip ritrae Craxi a tavola con Reagan, e la didascalia recita: «Tutto cucina e niente politica. È stato in effetti l'esito degli incontri Usa-Italia all'insegna della massima distensione».

Attenzione: la guarnizione di porro crudo è pericolosamente indigesta.

Ingredienti per 4-6 persone:
4 uova – 100 g di pollo – 100 g di sedano rapa – una compressa di gelatina – 200 g di fagiolini – 100 g di carote – uno spruzzo di vino bianco secco – un porro – sale

Lessate separatamente in acqua salata il pollo, i fagiolini e le carote; rassodate le uova e preparate la gelatina seguendo le istruzioni della confezione. Aromatizzatela poi con il vino e versatene circa un quarto sul fondo di una tortiera del diametro di 22 cm, della capacità di circa un litro, quindi mettete in frigorifero a rassodare. Tagliate il pollo a listerelle; sgusciate le uova, adagiatele affettate sullo zoccolo di gelatina leggermente distanziate. Tra un uovo e l'altro mettete le verdure tagliate grossolanamente, coprite con le strisciolline di pollo ed il sedano rapa a julienne. Ricoprite il tutto con la restante gelatina. Mettete lo stampo in frigorifero per alcune ore e quando la gelatina sarà completamente rassodata, sformate l'aspic sul piatto di portata. Guarnite con anelli di porro e servite.

«Tutto cucina», marzo 1988

Insalata di avocados con merluzzo e gamberetti

Negli anni Ottanta si comincia a trasportare frutta e verdura nelle navi cargo refrigerate, o in aereo, il che ne accresce significativamente il prezzo. L'avocado, che i più viaggiatori tra noi hanno assaggiato in Messico e nei paesi tropicali, atterra nelle vetrine dei verdurieri blasonati. Il guacamole fa la sua comparsa tra gli antipasti, anche se poi non è facile trovare le chips di mais per accompagnarlo.

Questa insalata rappresenta una variante potenzialmente deluxe (se si usano gamberetti freschi e caviale) oppure «vorrei ma non posso» (se si usano gamberetti surgelati e uova di lompo).

Nell'88 l'avocado è ancora esotico, tanto che sul plurale il redattore sceglie la -s della terminazione spagnola. Non avverte però lo sprovveduto lettore che l'avocado si ossida in fretta, ed è bene prepararlo appena prima di servirlo onde evitare l'effetto «marcio».

Ingredienti per 4:
2 avocados – 4 foglie di lattuga – 4 foglie di insalata riccia – 200 g di merluzzo – 12 gamberetti cotti – 30 g di caviale o uova di lompo – qualche foglia di menta – un mazzetto guarnito – 6 cucchiai di maionese densa al limone – sale – pepe

Tagliate a metà gli avocados e togliete il nocciolo; lavate le foglie di insalata.

Lavate il merluzzo e fatelo cuocere a fuoco basso in acqua salata con il mazzetto guarnito per 10 minuti. Scolatelo, togliete la pelle e le spine, sbriciolatelo e mescolatelo alla maionese per ottenere un ripieno. Riempite l'avocado con questo preparato, guarnitelo con i gamberetti e cospargetevi sopra del caviale.

Disponete la lattuga nei piatti e posatevi sopra l'avocado guarnito. Terminate la decorazione con l'insalata riccia e foglioline fresche di menta.

«Tutto cucina», agosto 1988

Quiche Lorraine di polpa di granchio e panna

Un'altra fascinazione francese divulgata al popolo nei primi anni Ottanta: la quiche. Gli ingredienti, oltre ai classici uova e bacon, prevedono una quantità di panna tale da soddisfare il gusto di una generazione che deve dimenticare il presente, ignorare il futuro, e tuffarsi in un consolatorio passato mitico. Il nome francese nobilita di per sé questo secondo piatto, che nei pranzi in famiglia spesso diventa piatto unico. La versione fancy *prevede le più acrobatiche controfigure per gli ingredienti classici del ripieno, non al motto di «svuotare il frigo», ma all'insegna dello «stupire con gli ingredienti più strani». La polpa di granchio in scatola, nei primi anni Ottanta, è sufficientemente «strana». La quiche deve il suo successo alla pasta sfoglia surgelata: il disco inferiore non cuoce mai bene, resta sempre umidiccio sotto il ripieno, ma tutti fingono di non farci caso, e lasciano la sfoglia cruda in disparte sul piatto. Sono calorie in meno!*

Ingredienti:
4 uova, 250 cl di panna, 1 scatola di polpa di granchio, foglie o semi di coriandolo, sale, pepe, pasta sfoglia surgelata

Scongelate la pasta sfoglia. Sbattete le uova, conditele con sale e pepe, amalgamate la panna. Scolate la polpa di granchio e unitela al ripieno. Tritate una dozzina di foglie di coriandolo e unitele alla farcia; se non trovate le foglie, pestate una dozzina di semi di coriandolo; se non trovate il coriandolo in nessuna forma, usate il prezzemolo, era solo per dare una parvenza di esotismo. Stendete la pasta sfoglia e rivestite uno stampo da crostata. Tagliate la pasta in eccesso, lasciando un paio di centimetri tutt'intorno alla circonferenza dello stampo. Versate il ripieno di polpa di granchio e panna. Ripiegate i bordi della pasta sfoglia sul ripieno; in due casi su tre affonderanno dentro la panna, ma pazienza. Spennellate di uovo sbattuto la sfoglia rimasta scoperta. Cuocete in forno caldo a 180° per circa 40 minuti. Servite la quiche tiepida.

A piacere variate il ripieno: asparagi e bacon; prugne della California e coniglio; albicocche secche e polpa di maiale. Quello che non deve mai mancare, in una vera quiche Lorraine anni Ottanta, è la pasta sfoglia ancora cruda nel centro e la panna che copre tutti i sapori.

Ricetta dell'autore

Quiche alle uova di salmone

Negli anni Ottanta si afferma la ricetta sponsorizzata, di cui questa quiche costituisce un ottimo esempio. Variante «fashion» della quiche Lorraine classica (che utilizza bacon a dadini insieme alle uova), le uova di salmone sono un'altra delle hit del decennio, specialmente in voga tra chi non conosce la differenza tra Beluga e Sevruga.

Per la pasta:
150 g di farina – 75 g di margarina Vallé – 1 uovo – sale

Per il ripieno:
3 uova – 100 g di panna – 50 g di uova di salmone – sale
– pepe

Ponete nel recipiente di Milleidee Multipratic Braun la farina, la margarina, il sale e l'uovo.

Azionate l'apparecchio fino ad ottenere un impasto che risulti elastico e omogeneo.

Fate riposare la pasta avvolta in un canovaccio in frigorifero per circa 30 minuti.

Imburrate uno stampo di 20 cm di diametro e stendete la pasta in una sfoglia molto sottile che bucherete con una forchetta. Nel Multipratic sbattete le uova con la panna, salate pepate e versate il composto nella tortiera. Cospargete con le uova di salmone e ponete il tutto in forno preriscaldato a 180° per circa un'ora.

Lasciate raffreddare a temperatura ambiente quindi sformate e conservate in frigorifero fino a un paio d'ore prima di portare in tavola.

«Tutto cucina», dicembre 1988

Bocconcini di vitello alla panna e dragoncello

L'ossessione per il morbido, il cremoso, il facile da masticare (ma cosa fanno i dentisti negli anni Ottanta? Protesi di pongo?) favorisce il sorpasso del vitello sul manzo. I bocconcini, in particolare, sono un passe-partout: facili da cucinare, veloci, basta un po' di panna per fare un figurone con gli ospiti. Il dragoncello fresco, all'epoca un esotismo, dà il suo apporto epico alla ricetta (con la fatica che occorre fare per trovarlo).

Ingredienti:
400 g di polpa di vitello a dadini; burro, sale, pepe, una confezione di panna, farina, dragoncello fresco o secco.

Sciogliete il burro in una padella; infarinate i bocconcini di vitello, eliminate la farina in eccesso, rosolateli nel burro; salate, pepate e stemperate con una confezione di panna. Lasciate sobbollire, spegnete il fuoco, e fuori dal fuoco unite qualche foglia di dragoncello (anche essiccato). Lasciate riposare per una decina di minuti e servite con un contorno di spinaci o fagiolini al burro, freschi o surgelati; oppure con un puré di patate istantaneo, reso più morbido con l'aggiunta di qualche cucchiaiata di panna (*ça va sans dire*).

Ricetta dell'autore da giovane

Cavolfiore in salsa Mornay

Quel che in inglese si chiama «comfort food»: un piatto semplice che ricorda la mamma. Ideale per risollevare un single in fase depressiva. Non va trascurato che le brassicacee hanno effetto antitumorale.

Ingredienti per 6 persone:
un cavolfiore – sale – burro
Per la salsa:
50 g di burro – 50 g di Parmigiano – 2 dl di besciamella – un dl di panna fresca

Lessate il cavolfiore intero, dopo averlo mondato, in abbondante acqua salata, scolatelo al dente e passatelo in padella con una grossa noce di burro. Nel frattempo preparate la salsa: unite alla besciamella calda la panna, il formaggio ed in ultimo il burro.

Ricoprite il cavolfiore con la salsa, passate in forno caldo a gratinare per alcuni minuti e poi servite subito.

«Tutto cucina», dicembre 1987

Panna cotta coi semi di papavero

La panna cotta è un dessert regionale in lenta estinzione. Si serve solo in qualche trattoria tradizionale in Piemonte e in Emilia, finché negli anni Ottanta l'industria alimentare ne sdogana l'esecuzione, ritenuta dai più complessa e di incerto successo (anche perché per fare la panna cotta, ci vuole la panna fresca, non quella Uht, e occorre saper maneggiare la colla di pesce: basta mezzo foglio in più e invece di un dolce viene fuori una pallina da ping pong). Il preparato per panna cotta è il tipico caso in cui l'industria alimentare ci prende per mano facendoci desiderare di mangiare quel che poi mangeremo.

Il tocco personale viene dato da chi cucina: salsa di frutti rossi, caramello, salsa al cioccolato. Questa versione con i semi di papavero strizza l'occhio alle anime semplici che non hanno ben chiara la differenza tra il papavero da oppio e quello comune.

Ingredienti:
una confezione di preparato industriale per panna cotta, 2 cucchiai di semi di papavero.

Preparate la panna cotta seguendo le istruzioni riportate sulla confezione. Incorporate i semi di papavero e versate la panna cotta negli stampini singoli o in uno stampo da budino. Lasciate raffreddare in frigorifero per almeno 12 ore, sformate e servite. [I semi di papavero non sanno di niente e danno un leggero fastidio sotto i denti, ma non è chic il gioco di bianco e nero sulla panna cotta? Pazienza se un seme s'incastra nell'intarsio del dentista... *nda*]

Dal ricettario di una zia dell'autore

Bavarese di fragole

Quel che si dice il posto delle fragole: stanno sicuramente meglio qui che sul risotto. La bavarese soddisfa la voglia di dolci al cucchiaio, meglio se pannosi. Unica difficoltà, non eccedere con la colla di pesce, se no la cremosità va a farsi benedire e la bavarese somiglia a una gigantesca protesi al silicone.

500 g di fragole, 200 g di zucchero, succo e buccia grattugiata di 1 limone, 12 g di colla di pesce, 250 cl di panna montata

Passate al setaccio le fragole e incorporate lo zucchero, il succo e la scorza del limone, e la colla di pesce ammollata in acqua fredda e strizzata.

Aggiungete la panna montata e versate il composto in uno stampo da budino leggermente unto d'olio.

Lasciate in frigorifero per 4 ore prima di servire.

N.B. Con l'avvento del silicone non sarà più necessario ungere lo stampo.

Ricetta dell'autore da giovane

Tiramisù

Il mascarpone, come tutto, avrà pure conosciuto una sua fase artigianale; ma il successo mondiale del tiramisù sollecita quantitativi di produzione che nessun artigiano può soddisfare. Perciò molti bambini, negli anni Ottanta, pensano che il mascarpone origini direttamente nelle vaschette bianche di plastica, così come si presenta nel banco frigo al supermercato.

Ingredienti:
biscotti savoiardi, caffè, mascarpone, rum, zucchero. Se non timorosi di salmonella: 4 uova. Se timorosi di salmonella: panna montata. Cacao amaro

Fate un caffè ristretto, diluitelo con rum e acqua, zuccheratelo.

Sbattete i tuorli con 4 cucchiai di zucchero; amalgamate gli albumi montati a neve ferma; incorporate poco per volta la crema di uovo al mascarpone.

Se non usate le uova, incorporate delicatamente la panna al mascarpone, e dolcificate con zucchero a velo setacciato.

Inzuppate i savoiardi nella bagna di caffè, disponeteli sul fondo di una stampa rettangolare, copriteli con uno strato di crema di mascarpone, fate un nuovo strato di savoiardi inzuppati, coprite con la crema di mascarpone, e lasciate riposare in frigorifero per un paio di ore. Cospargete la superficie con cacao amaro setacciato al colino fine; lasciate riposare un'ora e ripetete l'operazione almeno 3-4 volte prima di servire. In questo modo il cacao si amalgama alla crema, e la insaporisce.

Fondamentale, per un risultato filologicamente corretto, fare lo stesso errore della mamma che inzuppava troppo i savoiardi dello strato inferiore, e li disponeva senza strizzarli, per cui il fondo del tiramisù era allagato e si squagliava nel cucchiaio senza opporre consistenza alla crema di mascarpone.

Una variante molto in voga alla fine degli anni Ottanta prevede di aromatizzare la crema di mascarpone con la scorza grattugiata di un'arancia (qualcuno sostituisce metà del rum con liquore all'arancia).

Ricetta dell'autore da giovane

La mattonella

La mattonella è un classico della «pasticceria» casalinga. Negli anni Settanta si faceva con i biscotti tipo frollini, burro, zucchero e cacao (non a caso si chiamava «mattonella»). Sul finire degli anni Ottanta, tutti abbiamo ormai anche il freezer e questa mattonella gelato dà modo di fare bella figura con praticamente zero lavoro. Una performance culinaria perfettamente in tono con lo spirito yuppie del decennio. L'estensore della ricetta non dice che il cacao nell'attesa si inumidisce, e sarà necessaria un'ulteriore spolverata prima di servire. (Ergo, è meglio aspettare l'ultimo momento per guarnire con i canditi.)

300 g di gelato al cioccolato – 300 g di gelato alla crema – canditi per decorare – cacao

In uno stampo da paté precedentemente foderato con carta vegetale fate uno strato di gelato al cioccolato, quindi coprite con il gelato alla crema, lasciate rassodare in freezer per un'ora. Sformate il gelato su un piatto di portata, con una forchetta leggermente bagnata fate delle

righe verticali sul tronchetto, spolverizzate con polvere
di cacao e decorate con i canditi. Tenete in freezer fino
al momento di servire.

«Tutto cucina», agosto 1988

Alexander

*«La Gola» era una rivista semplicemente perfetta. Come tutte
le più belle cose, è durata poco. La bravura del redattore consiste
nel sapere come far diventare una ricetta un testo godibile in sé,
al di là delle istruzioni per l'uso, e senza l'ausilio di immagini!*

$1/3$ di cognac, $1/3$ di crema di cacao, $1/3$ di panna fresca, una
grattatina di noce moscata.

Si mettono nello shaker da prima i cubetti di ghiaccio, poi
i componenti nell'ordine: quindi si agita vigorosamente al
fine di emulsionare e rendere omogenea la miscela.

Una volta servito, si spolvera leggermente la superficie
di ogni bicchiere con della noce moscata sminuzzata con
l'apposita minigrattugia.

Va servito in una coppa, o di tipo tradizionale molto
ampia e dalle linee morbide con gambo basso, oppure nelle
coppette coniche molto più ampie delle tradizionali, sempre
in ogni modo con un perimetro allargato e sinuoso.

È un cocktail da dopo cena o da tardo pomeriggio, ha
gradazione alcolica poco elevata, si addice a gusti non molto
decisi: ha cremosità e morbidezza fin quasi ridondanti a
causa della presenza aromatica e dolce della crema di cacao
e della tenerezza passiva della panna; per queste ragioni lo
si considera un cocktail «femminile», da iniziazione.

Il suo corpo, la cremosità, la morbidezza pare contengano un sogno di morbidi abbandoni, esso invade la bocca assoggettandola ad una beata passività.

La sua rotonda compostezza, anche se cedevole, fa sì che il suo fascino nasca più dalla suadenza vellutata del composto, che dalla se pur tenue grintosa presenza del distillato.

«La Gola» n. 27, gennaio 1985

Anni Novanta

Non è ancora di moda la parola sinergia, ma la ricetta è quella: versare sul paese le stragi di mafia, impastare con Tangentopoli, unire il Muro picconato di Berlino, sbriciolare la dissoluzione dei partiti e dei pasti tradizionali: negli anni Novanta la nazione va in aceto. Balsamico, ça va sans dire.

Il paese va in aceto

C'è un serial che nei primi anni Novanta tiene tutti gli italiani incollati agli schermi televisivi. Non è *Beautiful*, non è *Dallas*, non è *La Piovra*, e nemmeno *Il commissario Montalbano*, che comincia nel 1999. È un genere ineguagliato di real-fiction, edulcorata nel nome da una spiritosaggine disneyana: Tangentopoli. La sinergia fra Tangentopoli che sferza Milano e la mafia che strafà a Palermo ha un effetto grumo: è «la madre» che trasforma il paese in aceto.

Negli anni Novanta si assiste alla lenta, progressiva e inesorabile acetificazione del paese. Mafia, Stato e crescita (o decrescita) economica si aggrovigliano in un nodo inestricabile, a partire dalle riunioni palermitane dette «tavolini», dove, tra un caffè, una granita e un cannolo, nel 1990 gli industriali del Nord accettano di pagare la percentuale a Totò Riina, che vede riconosciuta la propria sovranità territoriale.

Nel 1991 il Pci diventa Pds e poi, quando la parola partito comincia a suonare blasfema come una parolaccia nel salotto buono, nel 1998 si spoglia e diventa Ds; ad alcuni comunisti storici prende un colpo, perché svegliandosi la mattina interpretano la sigla come Destra sociale, anziché Democratici di sinistra.[1]

---

[1] Nel 2007, il problema sarà uguale ma opposto: riabilitati i partiti, il lessema da rimuovere sarà *sinistra*. Il camaleontico Ds, già Pds, già Pci,

La Fininvest diventa un partito, conservando immutata la prima sillaba Fi, e senza usare la parola *partito*, depredando una buona metà degli italiani del piacere di incitare la squadra nazionale allo stadio: stai per gridare «Forza Italia» e il fervore ti si spegne in gola.

L'avito motto *philosophia ancilla theologiae*, nella sua formula più attuale, abbraccia la seguente *variatio*: «la cucina è ancella della politica». La cucina, che negli anni Ottanta serve ad allietare palati e cuori, assurge negli anni Novanta a scuola di pensiero e forma di potere. Lenin può esultare nella tomba: anche se i tempi non sono ancora maturi per le cuoche, perlomeno i cuochi, declinati al maschile, possono finalmente governare. I termini si capovolgono ed è la politica che diventa ancella della cucina: Massimo D'Alema, eletto per la prima volta nel 1996, viene ufficiosamente insignito dal cuoco Gianfranco Vissani della qualifica di ambasciatore della sua cucina. Per una forma di schiva modestia, Vissani, nelle ospitate televisive dove spicca per una sua certa umoralità e per le immancabili scarpe rosse di gusto cardinalizio, si definisce sobriamente «il cuoco di D'Alema».

Nel 1990 Cosa nostra diventa Confindustria nostra; a marzo 1990, Moro è di nuovo sulla bocca di tutti, ma stavolta è quello di Venezia, la barca di Raul Gardini, che vincerà la Louis Vuitton Cup nel 1992, e veleggerà anche per la Coppa America. Moro, quello vero, torna con i suoi appunti, ritrovati in originale a Milano; ma siccome tra le note scritte in prigione non ci sono ricette, non se lo cucina nessuno.

---

si ritrasformerà in Pd (Partito democratico). La sinistra, per quell'epoca, non esisterà più e l'unico a vederla ovunque in continue allucinazioni sarà Silvio Berlusconi.

Intanto diventa postmoderno pure il cibo, che come tutto quello che consumiamo non è più legato al bisogno, ma all'immaginario, al sogno, al desiderio. Più che cibo, cerchiamo un balsamo. Lo troviamo nella balsamificazione dell'aceto, che per soddisfare un sogno di massa si otterrà d'ora in poi con qualunque mezzo – inclusa la caramellizzazione – invece dei canonici 25 anni di invecchiamento nelle botticelle custodite nel sospeso silenzio delle acetaie modenesi. Del resto, l'imperativo è fare presto e subito: nelle pubblicità i languorini delle signore in giallo non possono aspettare, figurarsi se si possono concedere 25 anni di invecchiamento al mosto... Ma quando li si aspetta, l'aceto diventa un balsamo vero, un elisir da meditazione. Una blasonata produttrice di aceto balsamico tradizionale di Modena, commentando il prezzo della bottiglietta da 50 cc, lo giustifica: «Ma lei deve pensare che sta comprando un sogno, questo è lo Chanel n. 5 degli aceti!».

La passione per la cucina sviluppa un *côté* voyeuristico che sfocerà nel pornofood: la fotografia è sempre più ricercata, la foto di un piatto deve farci sognare. Gente che fino al decennio precedente conosceva solo il perlage di alcune bibite gasate comincia a disquisire di quello dello Champagne. I cuochi si avviano a diventare vip, i vip si vantano di essere ottimi cuochi.

La nazione va in aceto, ma cosa vuoi che sia: i supermercati, che ora si trovano nei centri commerciali insieme a pizzerie, ristoranti e negozi di moda-intimo e videogame, sono pieni non solo di merendine, ma anche di aceti balsamici per tutte le tasche, stagionati e non. Ci sdraiamo su un letto di rucola e chiudiamo gli occhi su tutto, deliziati.

1992. Cavallo pazzo

Dobbiamo pur avere paura di qualcosa per essere tenuti a modino. In fondo, le paure collettive sono deliziose forme di coesione sociale, tutti insieme appassionatamente sotto la stessa campana di terrore. Nel 1992 tocca alla mucca: il mite bovino alimenta il più orrendo dei brividi. La mucca è pazza, ovvero soffre di encefalopatia spongiforme. Le più provate sono le trattorie romane che dovranno rinunciare a mettere in scena il quinto quarto. Mai più la *pajata* (intestino del vitellino da latte); le cervella fritte sono equiparate a un attentato terroristico, i rognoni sono fuori legge.

Tutte le madri sufficientemente buone cavalcano la mucca pazza come pretesto per passare ad altre fonti di proteine nobili: polli, tacchini, agnelli, capretti vengono immolati sull'altare della proteina ragionevolmente sana. Particolarmente avvantaggiate le macellerie equine: è l'apoteosi del cavallo, animale che, essendo bizzoso di suo, non cede alla pazzia di moda.[2]

Negli anni, il pur mite bovino rinsavirà, ma per scrupolo il quinto quarto resterà all'ostracismo. Si narra di trattorie intorno al Pantheon dove, formulando la domanda secondo una password che screma gli *habitués* dai potenziali Nas in borghese, ci si può veder servire il piatto romanesco di frattaglie fuori legge, se pur presentato dal cameriere, per prudenza, sotto falso nome.

---

[2] Nel 2013, un nitrito irromperà improvviso dall'interno dei tortellini Rana e delle polpette svedesi di Ikea. Il cavallo beffardo, probabilmente dopato e verosimilmente azzoppato, sfida l'ossessione del nuovo decennio: la tracciabilità.

1994. La Spagna ci sifona

È il 1994 quando Ferran Adrià reinventa il sifone. All'epoca il trentaduenne ragazzo catalano è noto solo tra gli addetti al mestiere, che l'hanno già riconosciuto come quarto, quinto e sesto segreto di Fatima.

L'anatema generale lanciato sulla panna in nome dei trigliceridi ha lasciato orfana di sapore la mousse. Il cuoco catalano ha un'idea esilarante: se si usa un ingrediente di prima qualità, il sapore lo dà l'ingrediente. Cosa c'è di esilarante? Il gas, protossido di azoto, in arte gas esilarante, usato per caricare le bombolette vendute col sifone, che ricorda quelli con cui facevamo la soda negli anni Sessanta.[3]

Negli anni Settanta, il sifone l'abbiamo comprato tutti dopo che l'abbiamo visto nei film di James Bond. Negli anni Ottanta l'abbiamo lasciato in soffitta. Negli anni Novanta l'abbiamo ricomprato perché in soffitta non lo trovavamo più e l'abbiamo visto sui giornali con le ricette di Ferran Adrià. Nel 2000 finirà in soffitta anche il doppione. Chissà che non si riproducano, lassù.

1996. Il pesce di Portopalo

Finita l'era dei tonni (sarà colpa dei giapponesi?), a Portopalo di Capo Passero nel 1996 si pescano soprattutto cadaveri. Umani. Il solito trantran: qualche armatore dilettante

---

[3] Nel 1961 compare la prima pubblicità Sparklets Syphons: «Se bevete seltz, lo desiderate fresco e frizzante, lo desiderate sempre pronto quando ne avete bisogno e naturalmente desiderate pagarlo meno che sia possibile. Perciò... acquistate un sifone Sparklets».

organizza una crociera venuta male e alla fine si ritrovano in qualche centinaio di clandestini pressati come sardine su un barchino, pur avendo pagato per il viaggio quanto un europeo sborsa per una crociera di lusso. Naturalmente ci indigniamo, ma siccome negli stessi anni abbiamo scoperto la buzzonaglia di tonno prodotta a Marzamemi, a due passi da Portopalo, corriamo a fare provvista di questa bontà, ottima anche per condire penne e fusilli. Alla fine, la morale è quella della canzone di Elio e le Storie Tese che per un soffio non vincono a Sanremo: finisce tutto a tarallucci e vino, «se famo du spaghi».[4]

1997. La fatidica crostata

La crostata non è mai stata al top delle fantasie gastronomiche italiane. Questo dolce casalingo sta al dessert come un pigiamino in pile sta alle fantasie erotiche: vederla servire a fine pasto è un ammaraggio nel quotidiano, una dura presa di contatto con la realtà, specie se la marmellata si è troppo asciugata durante la cottura e si attacca al lavoro dell'esoso dentista. La crostata è contemplabile al più come colazione o merenda, con il suffisso -ina che ne garantisca il porzionamento mignon: mai più di 40 grammi, due centinaia di calorie pressoché innocue.

La crostata casalinga può avere tanti difetti, *in primis* la pasta frolla, che è facile risulti troppo cotta, come cristallizzata per l'eccesso di zucchero. Particolarmente ingrata agli italiani risulta la crostata del 18 giugno 1997, servita a casa di Gianni Letta in un incontro informale con Massi-

---

[4] Il testo della canzone prosegue: «una pizza in compagnia, una pizza da solo... in totale molto pizzo, ma l'Italia non ci sta».

mo D'Alema, presidente della Commissione parlamentare per le riforme costituzionali. L'incontro, soprannominato appunto «della crostata», sancisce un accordo in base al quale l'antitrust non s'ha da fare. In ogni caso, la crostata a metà giugno in un clima come quello romano è proprio sbagliata: ci voleva un dolce più fresco. Non si sarebbe salvata nemmeno la classica crostata romana di ricotta e cioccolato: difficilissimo indovinare la temperatura a cui servirla. Maddalena Letta, incurante dei primi caldi estivi, serve come sempre la sua specialità. Per molti italiani, negli anni a venire, quella crostata sarà un incubo ricorrente.

Tra gli ingredienti, tuttavia, non figura del narcotico che possa servire da alibi agli ospiti per giustificarne l'ignavia e l'assoluta impermeabilità all'autocritica. Il giornalista gastronomico Paolo Massobrio riferisce la ricetta così come gli fu spiegata dalla signora Letta: «280 g di farina, 4 rossi d'uovo, 100 g di zucchero, 110 g di burro per la pasta che va lavorata poco; nel frattempo si accende il forno a 180°-200° C. Poi si cosparge l'impasto di marmellata di pesche, albicocche, arance o limoni fatta in casa e si inforna per una mezz'ora».

Semplice, no? Un dolce che mira dritto al sodo, non si profuma nemmeno di scorza di limone, non riposa in frigo avvolto in pellicola trasparente prima di venire steso col mattarello, e probabilmente non è nemmeno necessario il mattarello, viene spianato nella teglia direttamente con le dita, e le irregolarità nella superficie vengono livellate con la marmellata. Più che un dolce, è una metafora di un modo di fare politica, e comunque si tratta di una ricetta di indubitabile valore storico. Senza quella crostata, forse la bicamerale sarebbe servita a qualcosa, sarebbe stato varato l'antitrust, e il ventennio successivo della storia d'Italia sarebbe stato diverso. La storia non si fa con i *se*, ma certo è spiazzante dover ammettere che si fa con le crostate.

1998. Tu quoque, «TV Sorrisi e Canzoni»

Il 30 settembre 1998 esce il primo numero di «in Tavola», allegato a «TV Sorrisi e Canzoni». Il fatto che un settimanale di gossip e programmazione televisiva decida di mandare in edicola un inserto di ricette la dice lunga sul segmento di mercato fiutato dai pubblicitari.[5] Il primo numero è interamente dedicato agli spaghetti, declinati in 120 ricette, tutte semplificate «in 5 mosse». È il clima che si respira: tutto dev'essere facile, le pensioni più giuste, le tasse più basse, le città più sicure, le ricette più semplici.

Gli anni Novanta in nove facili step

1. Credere, obbedire, mangiare merendine.
2. «Il veltro verrà»: rilettura di Dante in enoteca
3. Food=cibo. La parola cibo ci aveva sempre fatto un po' schifo, una cosa da animali. Ma ha 4 lettere, come food, e non ci fa sembrare proni anglofili. La rivalutiamo.
4. Ridere: ridiamo di cuore leggendo «Cuore», ridiamo di gusto strafogandoci di *Avanzi* davanti alla tv. Intanto ci sorpassano a destra e finiscono vino e taralli, ma noi ridiamo.
5. Dimenticare Palermo: cucinarsi un timballo di anellini e spegnere il tg.

---

[5] Nel 1996 il settimanale «Anna» dà vita al mensile «Anna in cucina». Le pubblicazioni di cucina, a loro volta, diversificano con riviste di viaggi gastronomici per conquistare anche il pubblico maschile, sempre più interessato e attivamente coinvolto nella cucina. Nel 2002 nascerà così «Viaggi & Sapori», costola de «La cucina italiana».

6. Iscriversi a un corso da sommelier per berci su con cognizione di causa.
7. Pensare che in fondo anche gli anni Novanta finiranno, è solo questione di numeri.
8. Tirare il fiato, ce l'abbiamo quasi fatta, finirà anche il millennio.
9. Fondare un presidio, prima che diventi una moda.

Le ossessioni culinarie negli anni Novanta

La rucola, un'insalata prêt-à-porter

Digitando «letto di rucola» su Google vengono fuori 247.000 risultati. Chi è l'istigatore, l'*horrendus primus qui protulit erucam?* A Milano, nei primi anni Novanta, se non fai attenzione il letto di rucola te lo trovi anche in versione materassino galleggiante sul cappuccino.

La rucola è la nuova panna.[1] Il suo gusto forte, invadente, va a braccetto con l'altra ossessione del decennio: l'aceto balsamico (nella sua versione massificata). Il successo della rucola ha una ragione pratica: i ristoranti di livello medio e basso scoprono che è un'insalata che si mantiene a lungo anche quand'è già lavata, e per questa ragione abbatte i costi rispetto a soncino, canasta, e semplice lattuga. I single, che sono diventati un segmento di mercato rilevante, possono acquistarla a manciate, evitando sprechi e avanzi. Anche la storia della gastronomia, come la storia *tout court*, è fatta di rapporti economici, e la rucola sbanca.

---

[1] Omaggio stilistico ai titolisti made in Usa che nelle pagine dedicate al fashion system non esitano a stilare titoli come: «*Red is the new Black*».

Noi non ci badiamo troppo, perché il letto di rucola ci arriva sul piatto esaltato dal *ménage à trois* con carpaccio e scaglie di Parmigiano, pomposamente condito con gocce di aceto balsamico. Ci sentiamo ricchi, informati, gourmet e pure proteici e vitaminici, in una parola magri.[2] Non chiediamo di più.

Pachino, un pomodoro come la rucola

Negli anni Novanta, si divulga dagli ortolani chic giù giù fino alle bancarelle dei mercati il pomodoro tondo di Pachino, di una tale perfezione che sembra disegnato da Giugiaro. In futuro verrà tutelato come Igp, ma all'inizio nasce come macchinazione genetica in Israele, dove viene battezzato con il nome di Naomi (in omaggio alla modella, che guarda caso porta il cognome di una nota marca statunitense di pelati). Con il nuovo pomodoro convive l'antico, il costoluto, coltivato nelle contrade sul mare e dotato di una sua spontanea sapidità. Nel corso del decennio, il Pachino subisce il restyling del packaging: anche le verdure devono presentarsi in taglie appetibili per i mangiatori solitari.[3] Sono i single a decretare il successo del ciliegino di Pachino, che di battesimo fa Rita (in omaggio alla Hayworth?). Di un rosso intenso, insieme alla rucola e alla bufala, ridisegna la pizza Margherita.

---

[2] Negli anni Novanta, sulla scia di quanto accade negli Stati Uniti, anche in Italia si comincia a guardare ai carboidrati con diffidenza e commiserazione. Proteine e vitamine danno calorie ricche e colte, i carboidrati danno calorie povere e ignoranti.

[3] Pippo Apicella dedica all'argomento il sublime *Manuale del mangiatore solitario*, Archinto, Milano 2000.

L'aceto balsamico

Fino agli anni Novanta, l'aceto balsamico è un segreto modenese. Ogni famiglia ha la sua «batteria» di botticelle in soffitta (dicesi acetaia) e ne fa parsimonioso dono ad amici e parenti; la commercializzazione di massa è di là da venire.

L'occasione viene dalla fine del riflusso: come antidoto agli anni di panna, ci vuole un gusto aspro ma dolce, e l'aceto balsamico è perfetto. Scopriamo che è poco, raro, prezioso, vecchio e stravecchio, un elisir. Un errore di branding si rivela fatale: avendo i produttori trascurato di registrare il marchio, chiunque può produrre aceto balsamico di Modena. L'aggettivo strategico diventa «tradizionale», garanzia che il balsamico in questione è stato ottenuto tramite invecchiamento in acetaia, senza *chemicals*. Stringiamo il flaconcino disegnato da Giugiaro come fosse il più raro degli unguenti.[4]

L'aceto balsamico, travolto dal successo, sarà forse il prodotto italiano che registra più tentativi di imitazione nel mondo. Impareggiabile quello notato sullo scaffale di un *deli* deluxe ad Atene: l'etichetta spavalda recitava «aceto botanico».

L'insalatona

La parola suona male e la ricetta spesso è pure peggio. Nelle insalatone, anche questo un retaggio dell'American «new» way con i suoi salad bar, finisce di tutto. Dal mais transgenico al salmone con il gorgonzola, dai funghi shitake introvabili da noi ad accoppiate creative come prosciutto e anguria, con qualche revival come la Niçoise e l'insalata di riso. Il soncino

---

[4] Il designer Giorgetto Giugiaro firma la bottiglietta ufficiale del Consorzio dell'Aceto Balsamico Tradizionale di Modena; la confezione è garanzia dell'autenticità del prodotto.

sradica in parte lo strapotere della rucola; ceci, lenticchie, fagioli sostituiscono gli stracchi salmoni e petti di pollo, tutti irriconoscibili, scomposti a dadi; il pompelmo rosa sposa i gamberetti, l'orzo si marita con la trota, il bollito, a dadi pure lui, si ricicla a caso con pomodori e cetrioli; i funghi champignon conoscono un insperato momento di gloria. L'importante è aggiungere sempre una nota di originalità: l'insalata di arance? Trasfigurata con l'aggiunta di grano saraceno. L'insalata di couscous? Si accompagna con granchio e lattuga. Il kiwi va in tandem con i gamberetti, e così via.

Altro imperativo morale è che l'insalatona non conosca ristrettezze nella quantità: una terrina che potrebbe bastare per tre persone fa sentire buone le ragazze (l'insalatona ha un pubblico prevalentemente femminile e gay), che la condiscono poco o nulla e non mangiano pane.

Il prezzo da pagare per l'insalatona è uno sproposito rispetto alla povertà degli ingredienti, ma le ragazze non ci badano, almeno non fino al 2008, quando la crisi farà tornare tutti a più carboidratati consigli.

Branzino o spigola?

Il branzino è il pesce più conosciuto a Milano. Un milanese a Napoli, quando gli propongono la spigola,[5] resta stranito. Il branzino piace ai milanesi per lo stesso motivo per cui il fast food piace agli americani: è rassicurante. Essendo d'allevamento nella quasi totalità dei casi, il branzino ha ovunque lo stesso (in)sapore; in più, cucinato all'acqua pazza come la spigola [*sic*], è anche leggero e ipocalorico.

---

[5] Nome del branzino nell'Italia centro-meridionale, *spigola* rende giustizia alla voracità della specie, che gli antichi Romani chiamavano *lupus*.

Il petto d'anatra

Fino agli anni Ottanta, le anatre si cucinano intere al forno, mandatoriamente profumate all'arancia.

Negli anni Novanta, gli anatroccoli subiscono una mutazione genetica spontanea: nascono fatti solo di petto. Che ne sarà del resto del povero anatroccolo, per tutti gli anni che trascorriamo a rimpinzarci di petto d'anatra glassato al miele e aceto balsamico? E ancora: che ne sarà dei petti d'anatra, dopo che nel primo decennio del Duemila i ristoratori in massa smettono di inserirli nei loro menu? E infine: che ne sarà delle anatre, dopo che negli anni Dieci scompaiono *in toto* da qualunque menu e solo qualche raro esemplare sopravvive (si fa per dire) laccato alla pechinese, nei pochi ristoranti cinesi dove in cucina c'è un cuoco dotato di spirito d'avventura?

È bio?

Agli inizi degli anni Novanta il mercato del biologico è in continua espansione, e costringe la stampa a riconoscerne l'esistenza. A Roma, la Cooperativa biologica «Il Canestro» raccoglie circa cinquemila soci. Tutti e cinquemila sono disposti a pagare il doppio un chilo di mele, ma quali garanzie ricevono che le mele acquistate siano davvero coltivate secondo le regole bio?[6]

In ogni caso, le città si animano di mercatini biologici

---

[6] Un'inchiesta del «Gambero Rosso» nell'estate 1989 concludeva che «non esistono metodi di analisi attendibili per operare controlli accurati e individuare elementi inquinanti». Il mercato del bio, all'epoca, sembra incentrato sulla fiducia.

itineranti, e di un popolo che li segue via via negli sposta-
menti, una domenica in piazza Italia, la domenica dopo a
piazza delle Erbe. Il mercatino bio è come la metropolitana:
per il tempo di una fermata ci fa stare tutti vicini, la signora
radical-chic e il ragazzo rasta con reminiscenze hippy.

Porto una torta salata

Dopo la vulgata della quiche negli anni Ottanta, negli anni
Novanta anche le mani meno esperte sanno che scongelando
un rotolo di pasta sfoglia e mettendoci un ripieno dentro e
passando il tutto in forno si ottiene un involucro comme-
stibile che si può portare agli amici che ti invitano a cena.
Molti non se ne rendono conto, ma alla terza torta salata
con la pasta cruda e il ripieno insipido o fantasiosamente
avariato, è proprio a causa della loro appassionata imperizia
che non ricevono più ulteriori inviti. Poi c'è chi parla di
introversione e di fuga dalla società. Imparassero a fare la
pasta sfoglia in casa, invece.

(Altri, consapevoli della propria insufficiente manualità,
optano per la torta salata acquistata pronta dal panettiere o
in rosticceria, con risultati talvolta persino peggiori.)

La pizza con la Nutella®

I gourmet storcono il naso ma in fondo la pizza con la Nutel-
la® altro non è che l'anticipazione del contrasto tra dolce
e salato, *signature* della pasticceria d'autore nel decennio
successivo, che vedrà grani di sale Maldon incastonati nella
ganache delle praline. Teorico inconsapevole del genere è
lo scrittore esordiente Enrico Brizzi, che nel 1994 pubblica

per la casa editrice Transeuropa il romanzo *Jack Frusciante è uscito dal gruppo,* il cui protagonista analizza la funzionalità della forma di un noto biscotto (dall'impasto leggermente salato) che ben si adatta a immergersi nel barattolo della Nutella®. La versione da scuola, più pratica e dotata di un suo romantico *côté* artigianale, è la pizza bianca (schiacciata a Firenze, focaccia a Genova) farcita con la Nutella®. Si pulisca il baffo chi dice di non averla mai assaggiata.

Quando nel decennio successivo saranno i pasticcieri blasonati a sposare grani di sale alle fave del cacao, faremo tutti *Ohhh.* Nel frattempo, chi ha il complesso della cultura a tutti i costi trova pane per i suoi denti nel genio di Gianluca Franzoni, in arte Mack Domori, che sposa il cioccolato al latte di cacao ecuadoregno Arriba con il sale bretone di Guérande.

I tagliolini al cacao

È un retaggio del «cuciniamolo strano», una vulgata basata sull'interpretazione equivoca della Nouvelle Cuisine per mezzo dei suoi più o meno stracchi epigoni.

Di per sé, i tagliolini al cacao non sono male, hanno pure un bel colorito. Si accontenterebbero di un sugo burro e salvia, se non che la creatività si scatena inarrestabile nella salsa: taleggio e speck, gamberi rossi e panna, mazzancolle e menta, manzo e pere, crema di Parmigiano, una abbastanza ragionevole crema di melanzana (l'abbinamento tra melanzane e cioccolato si trova tradizionalmente in diversi dolci del Sud Italia, dall'Irpinia agli Iblei).

I tagliolini al cacao si estingueranno in tempi relativamente brevi, quando per *épater les bourgeois*, compiuto il giro completo, sarà sufficiente tornare all'avita sfoglia emiliana.

Il limoncello fatto in casa

È una sorta di epidemia collettiva molto comune negli anni Novanta, quando il liquore di limoni diventa un *must* da fine pasto. Gli ignari improvvisatori domestici ignorano che dietro il limoncello ci siano un'arte e una sensibilità. Il limoncello fatto in casa è per lo più la fiera degli squilibri: troppo alcolico, troppo dolce, troppo aspro, non abbastanza freddo. Quando gli squilibri non si sentono, si è legittimati a sospettare che l'ospite abbia mentito circa la manifattura casalinga del liquore, travasato in casa (questo sì) dentro un'anonima bottiglia opportunamente sprovvista di etichetta.

Dall'alpeggio alla fossa

Solo dieci anni prima, i ragazzi socializzavano in panineria. Negli anni Novanta, la cena per impressionare la ragazza a costo sostenibile prevede un tagliere di formaggi di fossa e d'alpeggio e vino rosso, il massimo dell'erotismo ora che i nutrizionisti ci hanno svelato il paradosso francese: i polifenoli del vino rosso riducono l'incidenza di malattie cardiovascolari che normalmente si accompagnano a un'alimentazione ricca di acidi grassi saturi. Detto così, spoetizza, ma negli anni Novanta i ragazzi cominciano a frequentare corsi da sommelier e imparano a descrivere sentori e bouquet con ardite metafore. Il decennio successivo vedrà gli stessi formaggi accompagnati da birre artigianali, alcune delle quali resteranno più economiche del Sassicaia.[7]

---

[7] È una battuta. Almeno per il momento.

La foto (più che cuochi, lettori. Più che lettori, guardoni)

L'esperimento è stato fatto: si prenda una rivista di sobria eleganza, se ne scorrano tutte le uscite anno per anno, balzerà agli occhi il passaggio da una grafica di soli disegni o di foto in bianco e nero alla foto evocativa, che sta al cibo come l'erotismo sta alla pornografia. Questa volta a fare scuola non sono più gli Stati Uniti ma l'Australia, che negli anni Novanta, casta e pura, trova un suo nuovo modo di fissare le immagini di un piatto. Farà scuola, tra gli addetti ai lavori, una foto di copertina di «Vogue Entertaining» che di una mousse di cioccolato illustra il puro piacere, immortalando il piatto vuoto e il cucchiaino sporco.

Negli stessi anni, una lettrice scrive accorata al suo mensile preferito di cucina: la signora ha provato molte volte a fare il semifreddo di nocciola descritto a pagina tot del numero x, ma il dolce non è mai venuto uguale a quello della foto. Il caporedattore risponde dolendosi: «Noi mettiamo le foto a scopo evocativo, ci spiace che i nostri lettori le prendano come un diktat».

È la società dell'immagine, bellezza.

Dal bicchiere al calice, percorso obbligato

Non c'è trattoria che ambisca ai punteggi nelle guide che non si munisca di calici da degustazione. Finita l'epoca degli Arcopal bassi da osteria, spuntano calici come funghi dopo un nubifragio. Spariscono invece i vecchi microcalici anni Settanta (quelli della pubblicità Folonari), sopravvissuti soltanto nella cucina di qualche nonna. A volte l'effetto nelle trattorie di nuovo corso è comico: per economia, per faciloneria, l'oste si fornisce di un solo tipo di calice, per lo più da vino bianco. Tutti contenti tranne gli intenditori, che grugniscono perché il rosso, specialmente importante, vuole un calice con la coppa grande, per arieggiarsi meglio.

Molto snob acquistare dal rigattiere un servizio in cristallo vintage anni Cinquanta e obbligare gli amici sommelier a bere qualunque liquido dotato di gradazione alcolica lì dentro.

Abbuffata *versus* degustazione

Nel decennio successivo il trend sarà sottoposto a massificazione, ma negli anni Novanta la parola «degustazione» è un marcatore socio-culturale, un po' come chiamare colazione il pasto di mezzogiorno e pranzo la cena nei decenni precedenti: fa subito chic. Parimenti, i gourmet colti, raffinati e competenti si guardano bene dal mangiare (atto che presuppone una situazione volgare quale un languorino, un appetito o, che dio non voglia, la fame):[8] essi degustano. Un po' come Paolino Paperino, che quando i tre nipotini lo beccano a ronfare sul divano, bercia: «Io non dormo, riposo!».

Finger food, questione di lingua

Non è colpa nostra, ci disegnano così: l'anglofilia ce l'abbiamo nel sangue, soprattutto quella linguistica. Di qualunque cosa, ci sembra che suoni meglio se detta in inglese. Ci

---

[8] Senza contare che dagli anni Cinquanta, il verbo «mangiare» non si è mai completamente ripulito dalle scorie del suo secondo significato (intascare tangenti, fare la cresta).

facciamo le scarpe da soli, creando brand inglesi per calzature marchigiane. L'inglese, che negli anni passati ha già sdoganato concetti ostici come l'*austerity*, libera negli anni Novanta anche la mala creanza di mangiare con le mani: se lo si chiama *finger food*, e lo si serve nelle festicciole a casa che ora si chiamano *parties*, è tutto ok.

Il *finger food* è la nuova epidemia che scioglie le briglie alla creatività in cucina, ma a guardare bene, le novità degli anni Novanta vengono dalla Catalogna. La lezione è quella delle *tapas*: metti qualunque cosa su un crostino di pane, diventerà una *tapa*. Come si mangiano le *tapas*? Con le mani. Ecco servito il *finger food*, che di inglese ha solo il nome.

La cucina della ggente

Morte senza resurrezione della mezzaluna

Sembrava impossibile cucinare italiano senza la mezzaluna. Negli anni Novanta la gente che sa comincia a tritare a coltello: l'ha imparato alla tv guardando trasmissioni condotte da chef, che ospitano chef, che intervistano chef. La dicotomia mezzaluna/coltello, però, non si specchia in quella professionista/dilettante. Resta una scelta di genere: la mezzaluna è femminile, il coltello maschile.

Colpisce invece il crinale generazionale intrinseco nel taglio della patata. Le madri sessantenni tengono la patata stretta al petto, il coltello con la lama rivolta al cuore, e tagliano fette variamente irregolari, rischiando in un sol taglio porzioni di pollice e anche uno sbreco intercostale. Le figlie si sono liberate del masochismo culinario implicitamente tramandato e tagliano, professionali e maschili, con la lama rivolta verso l'altro da sé: il tagliere. Anche attraverso questi piccoli gesti passa l'affrancamento femminile.

Buon compleanno con la Sacher!

Tutta colpa di Nanni Moretti, che con i suoi film, la sua casa di distribuzione (Sacher), il suo cinema (Nuovo Sacher), ha creato curiosità intorno all'omonima torta. Dopo tanto tempo, torniamo a festeggiare il compleanno con un dolce che non ha bisogno di stare in frigo. Anche perché finisce sempre troppo presto. La manifattura della Sacher è illusoriamente facile: alla resa dei conti si finisce per arrendersi davanti alla difficoltà: troppo asciutta, con lo strato di gelatina di albicocche troppo liquido o troppo consistente, la copertura di cioccolato troppo spessa o troppo fine... Non vale la pena di farla in casa, e in ogni città si scatena una caccia alla pasticceria che fa la miglior Sacher.

Dall'Austria agli Usa: chi fa la torta di compleanno in casa si cimenta con il *cheese cake*. Gli esiti sono i più disparati, ma tutto sommato la consistenza del Philadelphia, sostituto universale del *cottage cheese* previsto dalla ricetta madre, è meno rischiosa di quella della ricotta, e abbastanza compatta da poterci infilare dentro le candeline senza perdere l'*allure* da viaggiatore consumato.

Un decennio passato a bere

Solaia, Sassicaia, Ornellaia, Lupicaia... L'importante è che finisca in -aia, e che sia barricato, perché gli anni Novanta sono l'elogio della barrique, poi ripudiata due decenni più tardi (che ne avranno fatto, con quel che costava?).

Negli anni Novanta ci mandano in estasi i sentori di vaniglia che il rovere di Limousin regala al nobile gruppo di vini in -aia nonché al Paleo, Masseto e Messorio,[1] tanto privilegiati da conoscere, a 225 litri per volta, il tatto della barrique bordolese.

In fondo, la barrique per i vini italiani è una forma di passaporto, li autorizza all'espatrio perché lusingano con più facilità un gusto internazionale. In pratica funziona così: siamo sempre i soliti esterofili proni. Andiamo all'estero e beviamo che so, un californiano barricato. Torniamo in patria e diciamo «Dai, facciamolo anche noi». Poi da noi non se lo beve nessuno, quindi lo vendiamo all'estero, e alla fine l'economia vola (anche perché nel '92 la lira raggiunge

---

[1] Risolutivi come sempre gli americani, che in mancanza di denominazioni coniano per il quartetto in -aia, insieme al trio Paleo, Masseto e Messorio, la definizione di *SuperTuscans*; ci piace così tanto che la adottiamo pure noi, nonostante l'immaginario inficiato dai pigiamini infeltriti di SuperPippo.

i minimi storici e il lato positivo è che esportiamo tutto, vino incluso).

Sugli scaffali dei supermercati e nelle trattorie deluxe di tutto il mondo (che all'estero si chiamano *bistrot*), il Nero d'Avola è il nuovo Pinot Grigio: facile da pronunciare, facile da bere. L'ennesimo siciliano di successo nel mondo, venuto su dal nulla, riscatto di tutti gli emigrati di Avola, i cui pronipoti ormai ignorano tutto quel che c'è da sapere del loro paese, a partire dalle lotte braccantili di trent'anni prima, annegate in barrique.

All'American bar torna il Martini, anzi i Martini, al plurale (chocolate Martini, white chocolate Martini, raspberry Martini: il Martini trasformato in dessert a uso delle signore). E poi il Negroni «sbagliato» (lo sbaglio risale agli anni Sessanta, quando il barman del Bar Basso versa spumante invece del gin nel Negroni, ma ci mette 30 anni per diventare uno sbaglio di successo). Milano inaugura la tendenza dell'happy hour, e quindi dell'aperitivo alla milanese, una sorta di cena itinerante dal Bar Basso all'Atm, con fermate intermedie.

Rigorosamente liscio, è di moda il whisky. Per almeno un decennio, uno non potrà più chiamarsi Michele e sorseggiare un whisky in santa pace.[2]

---

[2] La pubblicità di Michele «l'intenditore» che incontra l'amica Sandra in treno e riconosce al primo sorso il whisky ordinato a sua insaputa da lei va in onda a partire dal 1990, come si evince dalle spalline da giocatore di rugby della giacca della signora.

Mangiamoci su
Menu vintage anni Novanta

La decadenza in tavola. Scendiamo nel gorgo di spume sifonate, deliziati e muti.

Carpaccio su letto di rucola e le sue variazioni

Sottotitolo: «Questo so cucinarlo anch'io»... anche perché non c'è niente da cucinare, è la tipica ricetta di assemblaggio degli anni Novanta.

Rucola, idealmente selvatica (o coltivata intensivamente, tanto non se ne accorge quasi nessuno), una manciata di foglie. Carpaccio di manzo affettato fine. Parmigiano Reggiano o formaggio Grana in scaglie. Aceto balsamico di dubbia qualità. Sale, pepe, olio, non si pretende extravergine, ma almeno d'oliva.

Disporre sul piatto singolo un letto di rucola. Adagiarvi il carpaccio, cospargere con scaglie di Grana, e solo al momento di servire irrorare con una vinaigrette ottenuta emulsionando sale, aceto, olio e pepe.

Liberamente adattata da una ricetta
della madre dell'autore

Rucola e pompelmo su letto di bresaola

*Variante della ricetta precedente, dà agio di mostrare che si
possiede almeno un buon coltello da cucina per il trito di rucola.*

Si servono le fettine di bresaola, ben sottili, disponendole
sino a coprire un piatto singolo, poi da una parte si dispone
un trito grossolano di rucola, condita con pepe sale olio e
limone, e dall'altra si dispongono quattro spicchi di pompelmo, meglio se rosa, privati di ogni pellicola.

Liberamente adattata da una ricetta
della madre dell'autore

La spuma, prima di Adrià: spuma di pomodoro

*La spuma, ovviamente, si faceva già prima dell'avvento del-
la madonna dei fornelli in Catalogna. Per renderla aerea,
ci voleva un grasso. Questa spuma di pomodoro risale agli
anni Settanta. La inseriamo in questo decennio in qualità
di precedente storico.*

Pomidori «perine» da sugo g 500 – burro g 150 – panna g
100 – 4 fogli di colla di pesce – olio d'oliva – sale – pepe
    Per la besciamella: brodo di carne g 250 – burro g 25 –
farina bianca g 25
    Per il decoro: 2 cetriolini e una falda di peperone rosso,
sott'aceto – 2 cucchiaiate di piselli lessati – alcune foglie
di sedano

Mettete ad ammorbidire in acqua fredda la colla di pesce;
scottate in acqua bollente i pomidori poi pelateli e spezzettateli,
scartando i semi. Fate sciogliere in una teglia il burro, indi uni-

te i pomidori e lasciateli asciugare a fuoco lento, mescolando di tanto in tanto con un cucchiaio di legno e facendo attenzione che non si attacchino al fondo del recipiente. Scaldate il brodo. Preparate poi la besciamella con gli ingredienti sopra indicati, quindi incorporatevi la colla di pesce ben strizzata dall'acqua, sciogliendola perfettamente. Versate questa salsa sui pomidori oramai cotti, mescolate, indi passate tutto al setaccio, raccogliendo il passato in una ciotola e lasciandolo raffreddare bene. Montate nel frattempo la panna e incorporatela al composto di pomodoro mescolando con delicatezza; salate, pepate moderatamente, poi versate il preparato in uno stampo da budino, con foro centrale e pareti scannellate, ben oliato. Mentre lo riempite, battete leggermente lo stampo sul piano del tavolo, in modo che non rimangano vuoti di aria nella spuma; posatelo su un piatto qualsiasi e mettetelo nel freezer per circa un'ora, poi levatelo e tenetelo per un'altra ora in frigorifero a temperatura normale. Poco prima di servire immergete per un attimo lo stampo in acqua calda, badando che non ne entri nella spuma, quindi capovolgetelo su un piatto di portata rotondo. Tagliate a rotelline i cetriolini e a listerelle la falda di peperone, indi decorate con essi la base e il bordo della preparazione, guarnite la sommità con una corona di piselli, mettendone uno anche alla base di ogni scannellatura. Lavate e asciugare le foglie di sedano e infilatele nel foro centrale. Tenete in frigo sino al momento di servire.

«La cucina italiana», settembre 1973

La spuma secondo Adrià

Nata ufficialmente nel 1994, la spuma frulla nel cervello di Ferran Adrià sin dal 1990, quando il nume catalano dei fornelli si stufa della materia grassa necessaria per ottenere un soufflé, alla ricerca di una consistenza aerea e leggera – l'espressione più autentica del nostro tempo. La prima spuma made by Adrià è di fagioli bianchi, servita con ricci di mare; segue il caviale con spuma di mandorle, e poi la minestra di verdure in consistenze aeree, che avviano la nuova era: ingredienti noti, proposti in consistenze nuove. Nell'edizione 1997 de Los Secretos de El Bulli *compare la ricetta della spuma di barbabietole. Il sifone,* ça va sans dire, *è strumento* sine quo non.

250 cl di purea di barbabietole
1 foglio di gelatina

Lessare le barbabietole fresche e passarle al passaverdure sino a ottenere 250 cl di una purea molto fine. Unire il foglio di gelatina precedentemente ammollato in acqua fredda e strizzato. Lasciar riposare nella gelatiera, finché si rapprende. Filtrare con un colino e introdurre nel sifone. [I grandi chef non si degnano di annotare quisquilie come sale e pepe, *nda*]

Ferran Adrià, *Los Secretos de El Bulli*, Altaya,
Barcelona 1997

Linguine di mare al cartoccio

Il cartoccio è un classico che conosce continue innovazioni tecnologiche: dalla pellicola d'alluminio che può infilarsi tra i denti alla carta forno che elimina il problema, alla Carta Fata® che nel primo decennio del Duemila consentirà il passaggio immediato del cartoccio dal freezer al forno. Nei primi anni Novanta le linguine di mare al cartoccio godono di un'inspiegabile popolarità: la salsa è una pozzanghera sul fondo del cartoccio, le linguine sono scotte, i gamberi lessati. Ma vuoi mettere la soddisfazione di conoscere l'apporto di ferro, fosforo, vitamina PP?

320 g di pasta formato linguine, una bustina di zafferano, 500 g di cozze, 500 g di vongole veraci, 8 gamberi, 200 g di filetto di cernia, 200 g di seppioline, 300 g di pomodorini ciliegia, un bicchiere di Vernaccia, un cucchiaio di finocchietto tritato, prezzemolo tritato, 4 spicchi di aglio, olio, peperoncino, sale.

Ricetta elaborata – 50 minuti – 600 calorie a porzione

In una padella fate aprire cozze e vongole, a fuoco alto, sgusciatele tenendone da parte alcune per decorare.
    Lessate in acqua bollente salata le seppioline per 10 minuti, tagliate i pomodorini a metà e fateli saltare in una padella con l'aglio a fettina, mezzo peperoncino e 6 cucchiai di olio. Unite la cernia a pezzetti, le seppioline e le code di gambero sgusciate; bagnate con la Vernaccia e cuocete per 5 minuti Aggiungete i frutti di mare, un cucchiaio di prezzemolo e il finocchietto; salate e tenete in caldo. Cuocete la pasta in acqua bollente salata insaporita con lo zafferano e scolatela molto al dente. Conditela con il sugo e suddividetela in 4 cartocci di carta speciale, poi mettete in forno a 200° per 5 minuti.
    Valore nutritivo: Proteine g 35,32 – Grassi g 18,92 – Carboidrati g 80,35 – Ferro mg 4,93 – Fosforo mg 484,97 - Vitamina PP mg 4,36

In questo piatto c'è tanto fosforo quanto ne basta per l'intera giornata; chi soffre di debolezza ne può approfittare.

«Anna in cucina», n. 2, 1996

Dentice in crosta di sale

Compiace naturalmente l'inclinazione salutista, lusingando l'esecutore e facendolo sentire un autentico gourmet.

Pulite il pesce e preparatelo per la cottura sventrandolo e squamandolo, quindi lavatelo e asciugatelo.

Prendete una teglia ovale e mettete sul fondo un centimetro di sale.

Adagiatevi sopra il pesce e ricopritelo completamente con altro sale.

Mettete in forno già caldo a 250° e fate cuocere per 30 minuti.

Vantaggi: se ne può mangiare a volontà: è privo di grassi e ricco di acidi Omega 3. E non c'è rischio di ipertensione: assorbe solo il sale strettamente necessario.

Dal ricettario di un'amica salutista dell'autore

Cheese cake

Un po' perché abbiamo viaggiato davvero, un po' perché vogliamo far sapere in giro che siamo andati a sciacquare i panni nell'Hudson, negli anni Novanta vogliamo dimostrare di saper fare il vero cheese cake. Gli scogli sono due: l'approvvigionamento di cottage cheese *(normalmente sostituito con Philadelphia Kraft) e l'approvvigionamento dei Graham crackers. Leggermente salati, profumati chimicamente di cannella, sono i Graham crackers che conferiscono alla crosta del cheese cake il caratteristico aroma. Inutile provare a sostituirli con altri biscotti. È dalla crosta del cheese cake che si vede se il cuoco ha davvero sciacquato i panni in Hudson, o se ha solo letto la ricetta su una rivista.*

Ingredienti
400 g di *cottage cheese* (sostituire con Philadelphia); 120 g
di zucchero, 60 g di burro, 3 uova, un limone, cannella,
zucchero a velo, 120 g di Graham crackers sbriciolati (o
biscotti tipo Digestive) – rhum o brandy

Grattugiate la scorza del limone ben lavato e asciugato; lavorate il formaggio con la frusta elettrica, unite lo zucchero,
la scorza del limone, un pizzico di cannella e amalgamate
bene. Unite le uova, uno alla volta; aromatizzate con un
bicchierino di rhum o brandy a piacere.
    Fate fondere il burro e unite i biscotti passati al mixer.
    Imburrate una tortiera del diametro di 22 cm, versate i
biscotti frullati distribuendoli sul fondo e sui bordi, quindi
ricoprite con il composto di formaggio.
    Cuocete in forno già caldo a 180° per circa 40 minuti.
    Lasciate intiepidire il cheese cake, sformatelo sul piatto
di portata e spolverizzate con zucchero a velo e cannella.

Ricetta dell'autore

Carrot cake

*Anche la torta di carote per molti di noi è un souvenir di
viaggi negli States. In più è salutista, piena di vitamina A,
betacarotene, favorisce l'abbronzatura ed è antiossidante. Il
dolce ideale per le ragazze che fanno ginnastica jazz, step e
stretching in palestra.*

250 g di carote, 250 g di zucchero, 100 g di burro, 250 g
di farina, 2 uova, 150 g di mandorle, 1 bustina di lievito
per dolci, 1 pizzico di sale, zucchero a velo

Grattugiate finemente le carote e passate le mandorle al *food processor*; con una frusta a gancio montate il burro con lo zucchero; a parte sbattete le uova energicamente.

Unite in una grande terrina le carote e le mandorle passate, il burro con lo zucchero, le uova sbattute, una presa di sale, la farina e il lievito setacciato. Amalgamate con cura tutti gli ingredienti.

Imburrate una tortiera e cospargetela di granella di biscotti polverizzati; versate il composto, battete la stampa sul ripiano per livellarlo, e cuocete in forno a 190° per circa 40 minuti.

Sformate la torta e lasciatela raffreddare. Cospargetela di zucchero a velo e servite.

Dal ricettario di un'amica dell'autore

Sacher Torte

La Sacher divulgata al popolo dei salutisti, che sicuramente ne apprezzeranno l'inusitato apporto in ferro, fosforo e vitamine...

150 g di farina, 150 g di burro, 150 g di zucchero semolato, 5 uova, 300 g di cioccolato fondente, un cucchiaino di lievito in polvere, una bustina di vanillina, 150 g di confettura di albicocche, 2 cucchiai di latte, 100 g di zucchero a velo

Ricetta elaborata – 1 ora e 30 minuti – 600 calorie a porzione

Lavorate il burro morbido con lo zucchero semolato e la vanillina; incorporate uno alla volta i tuorli, e unite la metà del cioccolato fondente, prima sciolto a bagnomaria con il latte. Montate a neve ben ferma gli albumi, incorporatevi la farina setacciata con il lievito e unite il composto alla crema di burro e cioccolato. Versate il tutto in uno stampo del diametro di 24 cm imburrato e infarinato, e fate cuocere in forno preriscaldato a 180° per 40 minuti circa. Sfornate la torta, lasciatela raffreddare, tagliatela orizzontalmente e farcitela con uno strato di confettura di albicocche. Fate fondere il cioccolato rimasto a bagnomaria, unite lo zucchero al velo e, lontano dal fuoco lavorate l'impasto aggiungendo 3 cucchiai di acqua fredda, uno alla volta, fino a ottenere una crema fluida e lucida. Stendete la glassa sulla torta coprendo anche i bordi, lasciate solidificare e servite.

Valore nutritivo: Proteine g 8,5 – Grassi g 31,2 – Carboidrati g 81,3 – Fosforo mg 193,80 – Ferro mg 2,62 – Vitamina B1 mg 0,28 – Vitamina A g 249,94 – Vitamina E mg 2,08

«Anna in cucina», n.12, 1996

Duemila

Spaventati, sconfortati, delusi, troviamo consolazione nei beni-rifugio: il culatello di Zibello, la cinta senese, il puzzone di Moena, il biroldo della Garfagnana, la gallina bionda piemontese, il melone purceddu di Alcamo, il salmerino del Corno alle Scale. Cosa sarebbe la vita, senza i Presidi Slow Food?

Presidiamo il maiale

La Prima repubblica non c'è più, i partiti non ci sono più, i politici di mestiere si sono persi, quasi tutti partiti per la tangente.[1] All'inizio del nuovo millennio, guardandoci intorno, tocca constatare che abbiamo perso tutto: tanto che, non avendo più nulla, non sappiamo più cosa presidiare. È Slow Food che ha la trovata geniale in grado di riscattare il decennio: presidiamo i maiali, nella loro variegata molteplicità. Mortadella di Campotosto, pezzente della montagna materana, capicollo azze anca grecanico, gammune di Belmonte, salsiccia rossa di Castelpoto, soppressata di Gioi, culatello di Zibello, mariola emiliana, biroldo della Garfagnana, mortadella classica e una ventina di altri succulenti insaccati artigianali, unitamente alla razza suina nera romagnola e al suino nero dei Nebrodi, diventano le nuove Repubbliche del gusto.[2]

È l'era del pluralismo: persino la libertà – ora che *il sacrifi-*

---

[1] Nel 2012 partirà per la tangente anche Umberto Bossi, che aveva fatto dell'onestà della Lega il suo vessillo, in opposizione ai malcostumi di «Roma ladrona». Evidentemente, tutte le strade portano a Roma. Anche da Gemonio.

[2] I primi 90 Presidi vengono presentati da Slow Food a Torino, al Salone del Gusto 2000. L'iniziativa riscuote subito un promettente successo mediatico e commerciale. Nel 2012, i prodotti italiani presidiati sono 201; nel resto del mondo (55 nazioni) sono 162.

cio della patria nostra è consumato, e *tutto è perduto* – non è più una, ma si declina al plurale, dimentica o ignara dell'eroico singolare avito da generazioni di vati: *libertà va cercando, ch'è sì cara, come sa chi per lei vita rifiuta*.[3] Cavalcando le libertà, non si dice più l'olio, ma gli olii, perché la gente che sa vivere ne ha in cucina almeno quattro diversi, per i differenti utilizzi a crudo o in cottura; non si dice più il sale, ma i sali, non perché quando uno legge le pagine politiche o economiche abbia bisogno di venire rianimato, ma perché è di moda così: se non hai almeno un sale Maldon (dall'Essex, Inghilterra sudorientale), i fiocchi di sale di Mothia (vicino a Trapani), un sale nero delle Hawaii, un sale rosa dell'Himalaya, un sale dolce di Cervia, vuol proprio dire che sei un mentecatto e non capisci niente del tempo in cui vivi.

Alla Pergola, ristorante dell'hotel Hilton, a Roma, l'ineffabile maître propone una carta delle acque, con etichette che arrivano ai 18 euro per 750 cc. Un industriale pastaio marchigiano propone di stilare nei ristoranti la carta delle paste, in modo che il cliente possa scegliere se vuole le sue vongole adagiate su spaghetti Barilla, De Cecco, Garofalo, Rummo, Latini, Spinosi o Verrigni... L'estroso pastaio, noto sui voli Alitalia perché quando viaggia in Magnifica si fa un punto di servire personalmente ai compagni di viaggio la sua pasta fatta cucinare *ad hoc* per il servizio aereo, non vedrà realizzata la proposta, più che altro perché, accecato dall'ottimismo, attribuisce alla gente papille gustative più sofisticate dell'effettiva dotazione di serie.

Il pluralismo culinario non fa che rispecchiare un curioso andazzo politico: dal 2000 anche la libertà ha subito un processo di pluralizzazione nella Casa delle libertà. La

---

[3] Strike di citazioni da Catone a Jacopo Ortis via Dante e Foscolo. Plagio, o *clin d'oeil* a corsi e ricorsi storici?

differenza sta nel fatto che con i sali, gli olii, le acque, i cru di cioccolato, di caffè, i tè, eccetera, c'è sempre un guru gastronomo pronto a spiegarti quale usare, come e perché; mentre il plurale di libertà, non si sa bene com'è, non si sa tanto che farne, puzza un po' di bruciato.

Per fortuna ci sono i cru di cioccolato per consolarci. Ormai anche nei supermercati è possibile acquistare a prezzi popolari pluralistiche tavolette di cioccolato che danno ragione della provenienza: Repubblica Dominicana, Ecuador, Indonesia. Siamo tutti allenatissimi a riconoscere note di frutti rossi, rotondità pannose, amarezze terrigne, sentori di caramello. Le endorfine secrete grazie all'assunzione di ingenti quantità di cioccolato sono una droga legale e consentono anche agli individui più fragili di reggere il peso crescente delle supposte libertà.

Anche gli chef si pluralizzano, nel senso che aprono secondi, terzi e quarti locali. Se non lo fanno, realizzano consulenze per il menu di altri ristoranti. Se non fanno neanche questo, prestano consulenze ad aziende. Se no, vanno in tv, sui giornali, ai congressi, in tournée in ristoranti altrui o in cucine-teatro, oppure pubblicano libri e vanno in giro a presentarli. Tutto, pur di non restare a cucinare soli soletti nell'opprimente singolarità di un ristorante.

Del resto, il pubblico reclama a gran voce che li vuole vedere, vuole conoscere i volti dei nuovi eroi, semidei figli di una mortale e del sottovuoto (o di un mortale e della planetaria),[4] che cucinano il nostro solluchero.

Tutto il resto, la storia che ci sfreccia intorno, è come se non ci riguardasse.

---

[4] Questo non è plagio ma un ammirato inchino a Walter Siti, *Troppi paradisi*, Einaudi, Torino 2006 (detto dei vip, habitué delle ospitate televisive: «Semidei, figli di una mortale e del tubo catodico»).

2003. Bevete più latte!

Il dissesto finanziario della Parmalat fagocita le economie di circa centomila risparmiatori italiani. Il latte ci va di traverso (ma anche lo yogurt, i budini, la besciamella, la panna, il kyr, i succhi di frutta). Forse anche per ripicca, a causa dei tormenti inferti dall'Uht, ricominciamo a scegliere il latte fresco; piccole cooperative locali si organizzano e distribuiscono latte crudo munto in giornata nel centro di diverse città.

A pochi geograficamente fortunati toccherà la *serendipity* di ritrovare il sapore del latte imparato da bambini, e sarà magia.

2006. Bere Château d'Yquem per dimenticare

Nel 2006 l'Italia si definisce ancora repubblica democratica, ma la strategia è quella del Gattopardo, uguale e opposta: si conservano i nomi, per stornare l'attenzione dal fatto che la sostanza è profondamente cambiata. Pochi giorni prima delle elezioni, il ministro dell'Interno dispone i prefetti *ad libitum*, come quando da piccoli si gioca ai soldatini. A sinistra, gettata la spugna, ci si consola stappando Château d'Yquem del 1967, quintessenza degli ardori giovanili di un decennio altrimenti caduto in oblio insieme alle abortite utopie. Accompagna ottimamente festini a base di foie gras e si adatta anche a un finale in cioccolato, per aiutare a dimenticare certe cadute di stile da far rimpiangere la Prima repubblica. Come nelle canzoni di Paolo Conte, la sinistra si chiude in sé sempre di più, ma almeno ha il buon gusto di chiudersi in cantina. Prosit!

2008. La ricetta Veltroni

Walter Veltroni mastica l'inglese, ma ha dimenticato il latino. Anni fa, gli è sfuggito che «*I care*», scritto attaccato, è il vocativo di Icaro, che nel mito antico finì sfracellato volando con ali di cera che si sciolsero al sole. Nel 2008, Veltroni traduce il motto «*Yes, we can*» di Obama con «Si può fare», che nella parlata romanesca diventa «seppoffà» (di norma lasciando intendere che si può pure fare, ma la cosa lascia il soggetto parlante complessivamente indifferente).

La ricetta Veltroni non funziona: sarebbe bastato testarla in cucina per rendersene conto.

Prendiamo ad esempio un classico romano intramontabile, una ricetta che funziona sempre: spaghetti cacio e pepe. E sottoponiamola alla prova dello stile Veltroni.

«Se possono lessà gli spaghetti in abbondante acqua salata, se possono scolà ar dente – *veramente, se* devono *scolà ar dente* – e se po' lasciaje addosso un po' dell'acqua de cottura – *vabbè, ma se non gliela lascio, che succede?* – Se possono cosparge' gli spaghetti de pecorino grattugiato e pepe fresco macinato, e se po' mescolà bene finché se scioglie er pecorino – *se po', nel senso che se te scocci prima, smetti e basta, te la magni come viene*. Se possono servì gli spaghetti in piatti caldi, ch'è mejo. Ma non è che sei obbligato. Se po' fa. Se non ci hai voja, magni ar ristorante.»

Si può fare, oppure no. In ogni caso, ci aveva visto giusto Obama, meglio «Sì, possiamo»: più coinvolgente, più unitario, più coesivo. Meglio prendere posizione sempre, anche in cucina. (Vero è che, siccome per pubblicare un ricettario di successo la fama acquisita in altri campi è di grande ausilio, se Veltroni pubblicasse le sue ricette, finirebbe di sicuro nei best seller. Mi raccomando lo stile, Walter!)

Il primo decennio del nuovo millennio in cinque sì e no

SÌ
- l'ingrediente, l'ingrediente, l'ingrediente. Così avete la scusa per non cucinarlo
- il chilometro zero. Così avete la scusa per non stressarvi a cercare ingredienti esotici
- il sottovuoto. Così avete la scusa per non sporcare le pentole
- la Catalogna. È di lì che vengono i nuovi diktat mondiali dell'alta cucina, e non solo
- la cucina italiana. Mai profeti in casa, trionfiamo in tutto il mondo

NO
- le ricette con più di cinque ingredienti. Non potreste mai sostenere di averle copiate dallo chef del momento
- la cucina francese. Per uno chef, nascere francese adesso è davvero un handicap
- i libri di cucina senza foto. Per pubblicarli tocca avere il coraggio di Alice Waters
- gli astemi. Se siete astemi non ditelo e frequentate comunque un corso da sommelier
- l'anoressia. Basta capricci, le modelle anni Settanta non tirano più

Le ossessioni culinarie nel primo decennio del nuovo millennio

La cinta senese e la razza modicana

La cinta senese non è, come si ostinano a credere i più romantici fra i turisti anglosassoni, la circonferenza delle mura che abbracciano la città del Palio. La cinta senese è un maiale, propriamente detto razza di cinta senese, perché aveva il vezzo di pascersi di ghiande appena fuori le mura. Tutto quel movimento giovava al piacere della carne, conferendo un equilibrio perfetto tra muscolo e grasso. Il fantastico prosciutto che se ne ricavava, gustato e apprezzato da tutti i turisti stranieri in visita, è diventato famoso nel mondo, nonché richiestissimo, nonché introvabile. I prosciutti hanno tempistica e logistica proprie. Il maiale, per raggiungere il peso-forma, impiega del tempo, anche perché in materia di cibo ha le sue ossessioni pure lui: è ghiotto di certe ghiande che non sono mica disponibili tutto l'anno; come tutti i toscani, anche il maialino di cinta senese è bello tosto, e se si mette in testa un'idea, non gliela leva nessuno. Un altro po' di tempo se lo porta via la stagionatura del prosciutto. Troppo, dice il turista anglosassone che vorrebbe acquistare dieci prosciutti su due piedi, ma gli parte l'aereo. Allora l'allevatore senese fa una pensata: importa i maialini inglesi. Abituati a temperature più rigide, non fanno una piega se li allevi in stalla, accettano di buon grado quel che gli dai da mangiare, e forniscono un bel prosciutto roseo anche se non hanno mai mosso un passo in cerca di ghiande per tutta la loro breve esistenza. Certo, non ha la marezzatura[1] della cinta senese di vent'anni fa, ma che conta? Nel giro di due generazioni non se la ricorderà più nessuno. L'importante è far fuori i termini di paragone. I turisti inglesi continuano a deliziarsi con la cinta senese, come del resto facciamo anche noi. In fondo la cinta muraria è sempre uguale, immutata come ai tempi di Guido da Siena; e così pure la tecnica di stagionatura e il vernacolo del garzone che rifila il prosciutto. Tutto uguale, a parte la razza del suino e quel che gli si dà da mangiare, ma son dettagli.

La cinta senese ha un gemellaggio nella campagna iblea. Il caciocavallo ragusano, che solo nel 2000 era un formaggio sconosciuto, si è tolto il nome caciocavallo che potrebbe indurre alla confusione con il podolico, ed emigra per il mondo con il solo cognome: Ragusano, a cui si è aggiunto nel frattempo il titolo onorifico Dop, un po' come quando certi cittadini si fanno chiamare cavaliere. Si fa tutto come un tempo, c'è il disciplinare, ci sono grotte di affinamento mozzafiato, scavate nella roccia. L'unica cosa diversa è che la razza modicana, una mucca da latte parca e morigerata riguardo al fabbisogno d'acqua, non c'è più. Al suo posto sono arrivate certe mucche pezzate, che non sono autoctone ma hanno l'innegabile vantaggio di produrre più latte. La conseguenza è che anche il caciocavallo, pardon, il Ragusano Dop ha cambiato gusto. Ma tanto, il ritornello è lo stesso: tra due generazioni, non se lo ricorderà più nessuno.

---

[1] Sono i raid a caccia di ghiande che conferiscono al maialino di cinta senese la peculiare distribuzione del grasso, che non se ne sta appartato ma socializza con gli altri tessuti punteggiandoli e creando una marezzatura grata al palato quanto alla vista.

Esercizio a casa per i lettori: sostituite con analogo prodotto tradizionale di cui siete a conoscenza, e verificate se la storia funziona con lo stesso schema. Io dico di sì.

Agiografia dell'utensile: il Microplane

Uno dei generi di letteratura di consumo più popolari del decennio è l'agiografia culinaria. Il sito di AF coltellerie[2] ne dà un virtuoso esempio.

«Nel 1994 una casalinga canadese, frustrata dalla sua vecchia grattugia, si mise a frugare tra gli attrezzi del marito, in cerca di un qualcosa che potesse aiutarla nella preparazione del suo dolce all'arancia. Ritornò in cucina con una raspa da legno Microplane; lasciò scivolare l'arancia sulle microlame in acciaio inox 18/10 della raspa e rimase sbalordita dal risultato: la buccia dell'arancia venne giù come tanti delicati fiocchi di neve. Da quel giorno le grattugie della Microplane si sono guadagnate un posto fisso nelle cucine di tutto il mondo.»

Malauguratamente hanno un posto fisso nelle cucine di tutto il mondo anche gli utenti maldestri, il che fa sì che l'ingrediente più *up-to-date* nel trito per il soffritto siano i 3 grammi di dito grattugiato che periodicamente testano la portentosa foto-incisione delle lame Microplane.

Il sottovuoto a bassa temperatura e la gastronomia molecolare fai da te

Le cotture lente della carne non sono una novità, le hanno praticate per svariati secoli massaie esperte nell'arte di otti-

---

[2] www.afcoltellerie.com

mizzare il calore prodotto a costo marginale zero dal camino che si spegne nottetempo. Si metteva il coccio in un angolo la sera, e lo si ritirava l'indomani all'alba.

Nel primo decennio del 2000 scopriamo il sottovuoto, grazie agli chef che, ogni volta che gli chiedi come hanno cotto il ganascino di vitello così tenero e succoso, rispondono immancabilmente «sottovuoto a bassa temperatura per 6/8/10/12 e persino 16 ore». Il sottovuoto si diffonde tra il volgo, che non vede l'ora di emulare le gesta culinarie dei venerati semidei, grazie anche all'impegno delle case produttrici che realizzano macchine per il sottovuoto domestico a prezzi accessibili. E i tempi lunghi di cottura? All'uopo, torna utile la disoccupazione crescente, che ci lascia un sacco di tempo libero per sorvegliare temperature e fornelli e, perché no, anche le lavastoviglie.[3]

Appaiono nelle librerie, prima in Spagna e in Francia e poi da noi, ricettari con kit per cucinare a casa usando la gastronomia molecolare, ovvero azoto liquido (impiegato con successo anche per bruciare le verruche) e alginati (le stesse paste morbide che si rapprendono velocemente, utilizzate dai dentisti per prendere le impronte). Le ricette a base di alginati avvertono: «Non smaltite l'alginato nel lavandino». Ecologia? No, prezziario dell'idraulico: l'alginato si rapprenderebbe nel sifone richiedendo un pronto intervento. Nel corpo umano, gli alginati hanno effetto lassativo, ma solo in dosi massicce. In ogni caso, l'industria alimentare usa alginati e addensanti da svariati decenni. Non si vede quindi perché non possano farlo gli chef, e appare improntata a

---

[3] Nel 2011, Lisa Casali pubblica un ricettario innovativo: *Cucinare in lavastoviglie. Gusto, sostenibilità e risparmio con un metodo rivoluzionario*, Gribaudo, Milano. La virtù muliebre della parsimonia sposa la tecnologia domestica.

qualunquismo l'incursione di *Striscia la notizia* nella cucina di Massimo Bottura, nel 2009.

È carino immaginare il tenore dei dialoghi a tavola quando si dà fiato alla gastronomia molecolare domestica: «Caro, un altro po' di sferificazione inversa?»...

Table habillée versus nudo legno (la crisi delle tintorie)

La crisi di fine decennio è un ciclone che fa volare tutti, anche le tintorie. Il pretesto ufficiale è che siamo andati da NoMa, miglior ristorante al mondo secondo la classifica che si avvale dei migliori pierre del mondo, e lì abbiamo cenato su nudi tavoli scandinavi. I ristoratori nostrani convertiti sulla via di Copenaghen aboliscono il tovagliato. Ed è subito fashion. Anche a casa, la tovaglia di pizzo della zia interrompe l'annuale pendolarismo natalizio dal cassetto dove ormai giace sedentaria, cominciando a mostrare pieghe da decubito. Si lava di meno, si stira di meno, e ci si sente pure paladini dell'ecologia per il mancato dispiego di polifosfati.

Vintage gourmet

Sono i corsi e ricorsi delle mode culinarie. La «cucina alla lampada» degli anni Settanta si è estinta, al suo posto è apparso il cannello ossidrico, un cannello a gas simile a quello usato in Argentina per torturare gli studenti – ci dev'essere un *trait-d'union* che lega contestazione, fiamme e *flambé*. Il cannello riappare nel primo decennio del Duemila, disponibile anche in versione mignon da borsetta. È evidente che le post femministe liberate non trovano niente di male nel farsi trovare sempre pronte a cucinare il dessert del momento, la crème brûlée. *En passant*, il cannello da borsetta serve anche come strumento da difesa: *guerrilla docet*.

La cucina è di moda, e la moda contagia la cucina. In Francia, Pierre Hermé, pasticciere-celebrity con una vetrina nel VI arrondissement parigino che sembra quella di Hermès, inventa le collezioni primavera-estate e autunno-inverno dei macarons, dolcetti largamente sopravvalutati che a fine decennio contageranno anche noi insieme al resto del mondo, realizzando l'ennesima colonizzazione gastronomica francese.

In Italia, lo stile Prada sdogana il vintage. Gli chef adottano il principio e propongono «collezioni» vintage ispirate agli anni Ottanta. Carmelo Chiaramonte esorcizza il risotto di fragole in una sorprendente «peperonata di fragole» che illumina il tonno fresco; Moreno Cedroni dedica una stagione del Clandestino a fare il verso ai piatti degli anni Ottanta come le pennette col salmone o il vitello tonnato della mamma.

Torna in auge anche il chinotto, una bibita che ha la stessa funzione di Iva Zanicchi, dei Pooh, di Raffaella Carrà e Gianni Morandi: sapere che sono ancora vivi ci rassicura, se loro sono vivi, noi siamo ancora ragazzi. Finché c'è chinotto, c'è infanzia.[4]

Il cioccolato di Modica dall'omertà al marketing

Nel primo decennio del nuovo millennio, a Modica nascono cioccolatai a ogni angolo: fiutato il business, si improvvisa

---

[4] Il revival del chinotto ha una sua *allure* nobile e adulta, conferita dal Presidio Slow Food del chinotto di Savona.

chiunque possieda una carta d'identità con su scritto «residente». Eppure, sino agli anni Novanta erano solo tre o quattro a portare avanti la tradizione del cioccolato lavorato a freddo, mutuata dagli Aztechi attraverso la dominazione spagnola. Ad appena settanta chilometri a est, a Capo Passero, nessuno era al corrente che a Modica facessero il cioccolato: i modicani, scevri di marketing, negletti pure dal nume dell'advertising, se lo producevano in casa e lì se lo mangiavano, nella discreta, confortante omertà delle pareti domestiche. «Era tanto se per Natale ne vendevamo duecento tavolette» ricorda Lina Iemmolo, anima del Laboratorio Don Puglisi. Nel corso del decennio, le tavolette di cioccolato modicano dalla peculiare consistenza granulosa che conferisce la lavorazione a freddo si vendono come il pane;[5] le praline al peperoncino di Bonajuto e il cioccolato Maya del Laboratorio Don Puglisi si possono acquistare a Milano, a Londra, a New York, ne scrive «The New York Times», le imitano i concittadini meno ispirati dal cuore che dal portafogli.[6]

La fava Tonka

All'inizio è soprattutto perché vogliamo schiaffeggiare conoscenti e colleghi con la notizia che siamo stati a Trinidad o in Guyana, con la scusa di condividere le foto su facebook. Non sapendo che regalo portare e non volendo caricare troppo il bagaglio, al mercato delle spezie abbiamo preso le fave Tonka, che dispensiamo come ostie in ragione di

---

[5] Il pane invece si vende sempre di meno, dato che nessuno ormai mangia più pane con la cioccolata.

[6] Questo invece è proprio plagio, sì, ma di me stessa, come la mettiamo? (plagio con *variatio* da *Le cuoche che volevo diventare*, Einaudi, Torino 2008).

una per ciascun amico. Tutti si ripromettono di realizzare budini, creme inglesi, gelati, tortini, muffin o cupcake (di ritorno da Trinidad abbiamo fatto uno stop-over a New York dove abbiamo contratto la fugace passione per l'orrido dolcetto pseudo-butirrico). La fava Tonka deperirà di crepacuore e solitudine nel buio di un armadietto di cucina, mentre avrebbe almeno potuto dare un senso alla transvolata allietando il cassetto della biancheria con i suoi sentori di mandorla, miele e vaniglia.

Food blogger

Sono la nuova frontiera del réportage gastronomico. Nascono come clandestini dell'informazione, snobbati soprattutto dai giornalisti regolarmente provvisti di tesserino dell'ordine, ma malauguratamente sprovvisti del pur basilare know-how tecnologico necessario per aprire un blog. Alcuni food blogger di successo sorpasseranno a destra i barbogi colleghi[7] pubblicando libri che diventeranno best seller. La ridotta tempistica di lavorazione del blog fa sì che se viene lanciato un nuovo prodotto, se esce un nuovo libro, se si apre un nuovo ristorante, sia molto più agevole darne immediata notizia per il blogger che per la stampa. L'indotto per il blogger si manifesta nell'inclusione tra gli invitati vip agli eventi enogastronomici, e negli spiccetti che piovono nel conto in banca tramite i banner pubblicitari, oltre che nel godimento provocato dagli sguardi invidiosi dei giornalisti d'antan quando ai blogger viene riservato un posto al tavolo d'onore.

---

[7] L'ordine dei giornalisti dovrà pur riconoscerli prima o poi, se non altro per rimpinguare le casse dell'Inpgi con nuova linfa vitale.

Food-shooting

«Io t'ho fatto, io ti fotografo.» Vuoi mettere la soddisfazione di pubblicare sul blog o sulla pagina facebook la foto della ricetta che per forza di cose si è potuta condividere solo con gli amici vicini a portata di invito? «L'ho fotografato, dunque l'ho fatto» diventa la prova cartesiana dell'abilità culinaria dell'improvvisato fotografo. Gli album delle foto di viaggio condivisi via flickr e Instagram immortalano con la stessa intensità il Colosseo e l'ultima pajata, la Tour Eiffel e il più nuovo dei macarons di Pierre Hermé, in vendita soltanto l'ultima settimana di giugno, quale prova sublime dell'avvenuto soggiorno a Parigi.

La pistacchia di Bronte

Bronte è il luogo della terra con la maggior densità di pistacchi per millimetro quadrato. Giuseppe Coria, autore di *Profumi di Sicilia*, bibbia della cucina insulare, nota che a rigor di logica il frutto dovrebbe chiamarsi *pistacchia*, sulla scia di *mandorla, noce, nocciola*. In italiano, la regola generale è che l'albero è maschile, il frutto femminile.[8] Ha ragione Coria, ma «gradite una pistacchia?»... Intanto, considerando che il frutto si raccoglie ogni due anni, sembra portentoso che in soli diecimila ettari coltivati a pistacchio si realizzi una produzione media annua di 120 tonnellate di drupe.[9] Le piante di pistacchio,

---

[8] Fa eccezione il fico per ragioni di bon ton.
[9] Dati riportati dall'autore Giuseppe Coria (*Profumi di Sicilia*, Cavallotto, Catania 2006). Per economizzare la raccolta del pistacchio, molto dispendiosa, ad anni alterni si distruggono i fiori, in modo che la pianta porti una doppia fioritura l'anno successivo.

come i kiwi, si dividono in maschi e femmine. Un maschio può impollinare fino a otto femmine. Forse bisognerebbe accogliere la proposta di Coria: è l'harem delle pistacchie.

Ancora un'agiografia del prodotto: la burrata di Andria

Non nevica spesso a Castel del Monte, nel territorio di Andria. Quando la neve è un evento raro, è facile che le sia connessa una leggenda. La nevicata in questione, costringendo un pastore con le mucche a un riparo di fortuna nei pressi del castello, fu l'occasione per aguzzare l'ingegno e fare di necessità virtù, sotto forma di burrata: per non sprecare la lavorazione della mozzarella sfilacciata, il geniale pastore pensò di preservarne l'umidità tenendola a bagno con la panna, dentro sacche di mozzarella richiuse con foglie di asfodelo, pianta che essendo autoctona della Murgia era lì a portata di mano, sotto la neve. Era nata la stracciatella, e con lei la burrata.

Leggenda o no, il ricordo dell'asfodelo sopravvive nella fuscella verde usata per legare la burrata, che nel corso del decennio sgomita contendendo sempre di più alla mozzarella il posto sotto i riflettori.[10]

Il coltello con la lama di ceramica

L'importante è averlo, come il girocollo di perle. Poi magari non lo metti mai, perché hai paura che si rovini accidentalmente col profumo, ma intanto ce l'hai nel cassetto. Il coltello con la lama di ceramica è l'ennesimo *toy* da cucina di cui non

---

[10] Pure questo è flagrante plagio, ma sempre di me stessa (da *Tradizione, gusto, passione*, vol II, Silvana Editoriale, Cinisello Balsamo 2011).

possiamo fare a meno. Ci preoccupa la delicatezza della lama, che non si può portare dall'arrotino come le altre. Perciò lo acquistiamo, dopo averlo visto su trenta riviste e novanta blog, lo teniamo in bella vista e lo usiamo solo quando vogliamo impressionare gli ospiti per tagliare il basilico «senza ossidarlo». Il mercato è tale che una nota multinazionale della telefonia giapponese attua una «diversificazione» producendo una linea di coltelli di ceramica a prezzi popolari.

Il silicone: dalle protesi al forno passando per il freezer

Altro giocattolino di cui non possiamo più fare a meno, se non nella chirurgia estetica, almeno in cucina. Il silicone ci costringe a rinnovare pezzo per pezzo tutto il corredo di stampi per dolci: pratico da pulire, pratico da sformare, pratico da passare dal freezer al forno. Col tempo diventa come il cellulare e internet: ci si chiede ma come facevamo prima, senza?

Il corso da sommelier

Ormai si iscrivono anche gli astemi *smart*, che hanno capito che quel che conta è la conversazione informata, e che l'attualità politico-economica e men che meno culturale nazionale e internazionale è una noia mortale, così come il gossip su matrimoni e divorzi del jet-set. Meglio investire in un bel corso da sommelier che darà agio di disquisire per ore sul naso di un vino, rendendosi affascinanti e bene informati agli occhi dell'interlocutore.

Un corollario del corso da sommelier è lo sdoganamento diffuso del vino rosso con il pesce. Intrapreso dai leader d'opinione nel decennio precedente, il brindisi con un rosso leggero e il trancio di cernia nel piatto contraddistingue ora gli spiriti ansiosi di farsi contrassegnare come liberi.

Il caffè si fa dessert

Nel primo decennio del Duemila si incrociano due tendenze: rinunciamo al dessert per tenere sotto controllo il peso, ma siamo disposti a fare qualche piccola concessione al caffè, che ci fornisce l'alibi dell'efficienza via caffeina. Il coffee-dessert non ci crea sensi di colpa, e le multinazionali del settore si contendono senza esclusione di colpi il posto in prima fila sul bancone del bar, con creme di caffè sorbettati, cappuccini solidi, caffè cioccolatosi, il tutto servito nella porzione mignon della canonica tazzina, o nel bicchierino di plastica da asporto. Soddisfiamo la voglia di dolce, ci riscuotiamo con la caffeina, e non ingrassiamo. Cosa potremmo desiderare di più?

Celebrity chef

Quesito: al ristorante stellato dove pranziamo, al tavolo accanto al nostro, sono seduti Luca Zingaretti e la moglie. Con chi ci si fa fare la foto autografata?[11]

Chilometro zero, andata e ritorno

Prima, fino agli anni Cinquanta, cucinavamo locale perché non avevamo l'auto. Appena ci hanno dato la scelta,

---

[11] Risposta: con lo chef del ristorante. I matrimoni e i divi vanno e vengono, gli chef si mantengono.

con tanto di aerei cargo refrigerati, siamo finiti a cucinare fusion con ipotesi combinatorie delle più sfacciate. Poi ci siamo resi conto dello spreco di benzina e Carlin Petrini ci ha castigati tutti (lui che viaggia, mangia locale in tutto il globo, e può). Finiremo a dover viaggiare noi – in treno, per ridurre le emissioni di CO_2 – per toglierci lo sfizio di assaggiare lo Stilton con le pere asiatiche senza sensi di colpa?

Monocultivar, monovitigno, monovarietà. Il singolare che esalta il plurale

Niccolò Cusano definiva l'uno come «molteplicità contratta». Oggi la pluralità si ottiene dall'accostamento delle singole unità: l'olio è monocultivar (tonda iblea in purezza, nocellara in purezza, biancolilla in purezza, taggiasca in purezza... in ogni caso, purezza); il vino conosce ancora gli uvaggi, ma ama il monovitigno (Nero d'Avola in purezza come se piovesse); la pasta è realizzata con solo grano Cappelli o con solo grano Kamut®;[12] la tavoletta di cioccolato è cacao Arriba 100 per cento, Forestero 100 per cento, Indonesia 100 per cento... la pluralità dell'offerta si pasce della singolarità delle proposte. La locuzione «in purezza» è perfetta sullo sfondo degli ambienti tutti bianchi e legno naturale immortalati nelle rubriche di cucina più *up-to-date*.

---

[12] Fortunata invenzione di un marketing attento alle ossessioni nascenti, il Kamut®, un grano inesistente in natura tanto da poter venire registrato da una multinazionale, è uno dei successi del decennio, nonché una delle panacee illusionistiche ammannite ai celiaci (si veda Dario Bressanini, *Le bugie nel carrello*, Chiarelettere, Milano 2013).

Salutismo insipido

Dov'è che vince ancora l'industria alimentare? Sugli aerei, dove paure antiche e recenti mettono a più dura prova i nervi dei passeggeri. Il cibo in aereo dev'essere sano e sufficientemente buono per non dispiacere a nessuno, qualunque sia il background gastronomico: anoressici, gourmet, salutisti, intolleranti. Chi può garantire cibo sano che non dia problemi intestinali a 400 passeggeri? L'industria alimentare, che condivide esattamente lo stesso obiettivo: cibo batteriologicamente sano che accontenti il maggior numero di persone possibile. Le transvolate intercontinentali vedono l'applicazione alla lettera della strategia dell'ipertensione: in volo percepiamo i sapori con minore intensità, e la sapidità va potenziata con un generoso pizzico di sale in più.

La patapizza

Crasi di due passioni adolescenziali e non solo, la patapizza unisce le due hit low cost della ristorazione veloce: la pizza e le patate fritte. Sulla pizza ci sono le patate a fiammifero da pucciare in maionese e ketchup (fornite a parte in confezione monoporzione); sotto le patate c'è la pizza al gusto richiesto. La patapizza si può anche piegare in due e mangiare a panino; per i ristoratori rappresenta uno sveltimento del servizio e un cospicuo abbattimento dei costi: si risparmia il piattino per servire le patate fritte a parte, e il costo di un cameriere extra per la serata. Inoltre la patapizza si mangia più in fretta, e il tavolo si libera più velocemente per un secondo o terzo turno in serata. Dopo la Realpolitik, finalmente una lezione di ristorazione reale, disponibile anche in panineria nella versione patapanino.

Restituiamo al dentista quel che è del dentista...

L'alginato, per esempio, serve al dottore per prendere le impronte. Vero è che se il dottore non prende le impronte e il malcapitato paziente resta sprovvisto di protesi e con essa di capacità masticatoria, l'alginato non utilizzato dal medico si può efficacemente impiegare per sferificazioni dirette e inverse, il cui prodotto finale si manda giù senza masticare.

... e al dermatologo quel che è del dermatologo

L'azoto liquido serve al dermatologo per bruciare le verruche, e allo chef per *épater les bourgeois*. In cucina, le brume sollevate dall'azoto liquido strappano un *ohhh!* di meraviglia la prima volta. Dalla quinta volta in poi, il magico mix di consistenza e temperatura ottenuto con l'azoto liquido fa sbadigliare come un amante sprovvisto della pur minima fantasia.

Buon compleanno con la Setteveli e i macarons!

La Setteveli, ideata dai pasticcieri Luigi Biasetto di Padova, Cristian Beduschi di Tai di Pieve di Cadore, e Luca Mannori di Prato, rappresentanti della nazionale italiana pasticcieri nella Coppa del Mondo di Pasticceria a Lione nel 1997, diventa un mito in pochi anni. La sua storia ricorda quella della Dobos.[1] Come la Dobos, anche la Setteveli alterna sette strati, anche se di diversa natura: mousse al cioccolato fondente pura origine Madagascar, bavarese alle nocciole pralinate, veli di cioccolato, morbido savoiardo al cioccolato, gianduia ai cereali, eccetera. La Setteveli viene prontamente imitata e replicata da svariati pasticcieri (alcuni penseranno che sia una specialità palermitana della pasticceria Cappello, credenza che dilaga nel web); Biasetto e compagni di squadra corrono ai ripari, brevettano la torta, e divulgano comunicati legali disponibili anche su internet.

La Setteveli diventa subito ambitissima: la ricetta originale è rara, protetta da copyright, premiata a una competizione mondiale, e in più, per i cultori del purismo in cucina, utilizza cioccolato monocultivar del Madagascar. Viene da farsela spedire apposta col corriere da Padova, Tai di

---

[1] Si veda il paragrafo *Buon compleanno con la Dobos!*

Pieve di Cadore, o da Prato, per l'ebbrezza di spegnerci le candeline su!

I *macarons*, nella loro irresistibile ascesa, soppiantano i bigné di pasta *choux* nella corona circolare che rifinisce le torte di compleanno. La rivelazione del *macaron* al volgo è completata quando una nota casa produttrice di preparati per dolci lancia sul mercato il preparato per «*macarons* al cioccolato».

Un decennio passato a bere

In un'alzata di orgoglio patrio (e in una contestuale diminuzione del potere d'acquisto), leviamo alti i calici e brindiamo a Prosecco, Franciacorta, e bollicine italiane in genere.

Tra i rossi scopriamo l'Aglianico, grazie anche alla letteratura: nel 2010 lo scrittore Gaetano Cappelli dedica al vitigno campano il romanzo *Storia controversa dell'inarrestabile fortuna del vino Aglianico nel mondo*, pubblicato da Marsilio.

Esplode la birra, che rinnega la stracca dicotomia: non è più bionda o rossa, è Blanche, è Barleywine, è Stout, Doppio malto, Bock, Strong Ale e soprattutto è di microbirrificio artigianale, ha aromi di malto tostato, di frutta candita, di fenoli, uniti a intensi floreali in bocca. Insomma, niente da invidiare al vino, nemmeno il prezzo.[1]

Al barman di fiducia ordiniamo un Mojito, ma solo con certi rhum (rari, equi, solidali), solo con certi zuccheri (moscovado, panela, astenersi raffinati), solo con certe

---

[1] Assobirra investe in pubblicità sin dagli anni Cinquanta. Nel 1964, una pagina pubblicitaria che esorta a bere birra «con tutti i cibi e in ogni stagione» ritrae un'allegra famigliola a tavola, padre, madre e due figli, intenti (anche i bambini) a brindare con un calice schiumante di birra. Dal che si evince che l'American way non ci ha contagiati in tutto e per tutto (nella fattispecie, non nel proibizionismo).

mente ibridate con bergamotto o ananas. La menta che sa di menta è una banalità, e in ogni caso il leitmotiv del decennio è che ogni sapore deve evocarne almeno altri tre, se no è una noia mortale.

Mangiamoci su
Menu vintage Duemila

Nel Duemila, l'attenzione è tutta rivolta all'ingrediente. Si prega di seguire con scrupolo religioso le istruzioni su come servirlo e conservarlo per esaltarne al meglio le qualità organolettiche e gustative.

Culatello di Zibello

Per conservare al meglio il culatello, una volta «aperto», si spalma con un filo di olio d'oliva e di burro la parte tagliata, si avvolge in un telo preferibilmente di lino e imbibito di vino bianco secco e si conserva in un luogo fresco che non sia il frigorifero, che ne appiattirebbe inesorabilmente il sapore.

Da percorsienogastronomici.it

Cinta senese

La marezzatura particolarmente fine ne fa un prosciutto apprezzato per l'uniforme distribuzione del grasso. La cinta senese si affetta a mano al momento di gustarla, rigorosamente con pane «sciapo».

Da agraria.org

Puzzone di Moena

In nomine omen, il puzzone rivela una forte personalità aromatica. Si avvertono inizialmente al taglio le note pungenti fermentative e di cantina conferite dal trattamento in crosta, ma tali note via via si allargano al sentore di pascolo, di erba alpina, di frutta matura. In bocca è suadente, solubile, con cenni di nocciola tostata e una incredibile lunghezza gustativa.

Da presidislowfood.it

Biroldo della Garfagnana

Va consumato tagliato a striscioline alte un centimetro entro quindici giorni dalla produzione, meglio se accompagnato dal tipico pane di castagne garfagnine o dal pane di patate.

Da saporetipico.it

Gallina bionda piemontese

La razza possiede una buona attitudine alla produzione di uova, che sono di colore rosato con guscio liscio e peso medio di 55-60 grammi. Il fatto che gli animali vengano tutt'oggi allevati in modo ruspante, cioè liberi a terra con alimentazione basata sull'utilizzo di mais e di mangimi semplici, fa sì che la carne sia particolarmente pregiata. Le produzioni tipiche sono il pollo di 60-70 giorni, il cappone durante il periodo natalizio e la gallina a fine produzione.[1] Cresta e bargigli particolarmente sviluppati sono utilizzati per la «finanziera», tipico piatto piemontese.

Da prodottitipici.provincia.cuneo.it

Melone purceddu di Alcamo

Il purceddu di Alcamo ha la buccia verde e rugosa e la forma ovale, è una varietà rustica, che si conserva a lungo e che va coltivata rigorosamente in asciutto. Fa parte dei cosiddetti meloni d'inverno che, seminati a maggio, si raccolgono a partire dal mese di giugno e si conservano fino a Natale e anche oltre, e col passare del tempo diventano addirittura più buoni e più dolci, grazie alla progressiva concentrazione degli zuccheri contenuti nella polpa.

La tecnica consolidata era quella di appoggiare i meloni sul pavimento di un locale fresco e ventilato, sistemandoli a strati uno sull'altro, e di rivoltarli periodicamente per evitare marciumi, ma i coltivatori del presidio l'hanno migliorata: hanno avvolto i meloni in retine e li hanno appesi a strutture in legno, come nelle stagionature di salumi, uno a uno: in questo modo non è più necessario rivoltarli ed è semplice separarli secondo le varie calibrature.

Da alcamo.it

---

[1] Si noti l'eufemistica formula «a fine produzione» per intendere che quando la gallina non fa più le uova, *zac!*, le si tira il collo.

Salmerino del Corno alle Scale

Parente della trota fario e del salmerino alpino, il salmerino del Corno alle Scale (piccolo parco nell'Appennino tosco-emiliano) venne importato dall'America a fine Ottocento e si distingue per la livrea sgargiante: ha pinne orlate di bianco, dorso bruno striato di giallo o di verde olivastro e fianchi punteggiati di giallo o di rosso con un alone di azzurro. Si riproduce in dicembre. Gli avanotti crescono all'interno dello stabilimento in acqua di sorgente (mai addizionata di antibiotici o altri farmaci) e, raggiunti i 5 cm, il salmerino viene spostato nelle vasche esterne (sempre alimentate da acqua corrente di sorgente). È nutrito con un mangime apposito, con materia prima a base di pescato di alto mare (non di allevamento). Non sono consentite proteine provenienti da animali terrestri, né Ogm. A tavola il salmerino del Corno alle Scale ha carni bianche e compatte; si presta a preparazioni semplici, tipo carpaccio o cottura al cartoccio. Curioso l'abbinamento con funghi prugnoli e una delicata crema di patate, pisellini novelli e scalogno. Esige vini bianchi freschi e delicatamente aromatici.

Da slowfood.bologna.it

Anni Dieci

Essendo questo libro stato scritto entro i primi due anni del decennio, l'autore può cimentarsi nella più attuale delle tendenze del giornalismo, enogastronomico e non: l'anticipazione, che ha il vago sapore della profezia. Cosa mangeremo, cosa berremo, cosa cucineremo?

Anticipazioni e profezie

Gli anni Dieci si aprono all'insegna della crisi, che questa volta è mondiale. Siccome nelle cantine c'è ancora un sacco di Romanée-Conti e di Salon da stappare, l'Occidente minimizza, e il fatto che circa il 60 per cento della popolazione possa permettersi solo il vino in Tetra Brik in fondo è una buona notizia: significa che la domanda d'acquisto non cresce e si evita di far lievitare il prezzo dei grandi rossi invecchiati e dei cru di Champagne millesimati.

Verso la fine del decennio precedente si è affermata la tendenza ad andare a caccia di tendenze. Non solo nella moda, che avrebbe una sua ragion d'essere (le collezioni si preparano con anticipo di anni), ma anche nell'enogastronomia. La cronaca – e con lei la recensione del ristorante – è un genere desueto. Che interesse può rivestire il passato? Tanto più che finisce quasi sempre in prescrizione. Oltretutto, complice la crisi, chi ha mangiato ha mangiato,[1] chi ha bevuto ha bevuto, scordiamoci il passato. Senza contare che per fare una recensione devi ricordarti per filo e per segno ogni singola portata, provenienza e nome degli artigiani o agricoltori che hanno fornito la materia prima, nome del

---

[1] Si rammenti l'uso metaforico del verbo mangiare negli anni Cinquanta e Sessanta (si veda il paragrafo *1953. Forchettoni*).

lavapiatti in prova e della cognata che risponde al telefono un pomeriggio a settimana, se no non sei *politically correct* e che fai, discrimini?! Non sia mai. Alcune guide chiedono ai recensori di compilare persino la voce sulle idiosincrasie dello chef (piatti o ingredienti ch'egli rifiuta di cucinare: dev'essere una forma particolarmente sofisticata di gnoseologia negativa). In alternativa, risulta centomila volte più agevole la profezia, che offre il duplice vantaggio della tendenza ad autoadempiersi e della impossibilità di verifica immediata a tempi stretti.

Ad esempio: una rivista afferma nel 2003 che «il Lambrusco è il nuovo Champagne». Lì per lì ci crediamo e invitiamo gli amici a fare degustazioni verticali di Lambrusco, incrementando il fatturato dei produttori e adempiendo la profezia nel breve periodo. Nel 2013, stapperemo Champagne quando vogliamo Champagne e Lambrusco quando vogliamo Lambrusco, ma nel frattempo la profezia sarà caduta in prescrizione. Come gli oroscopi, il giornalismo profetico gode i vantaggi della memoria selettiva: lo si ricorda solo se ci ha azzeccato o se si è autoadempiuto.

Come ogni movimento culturale che si rispetti, incluso il romanticismo del Berchet, anche l'edonismo gastronomico si divulga verso il basso, giù fino al calzolaio che ci fa i begli stivali e che oggi vive e lavora nei seminterrati delle Chinatown. Nelle librerie, le sezioni dedicate a cibo, vini e cucina erodono quelle dedicate alla politica, alla storia, alla sociologia; i libri di cucina avanzano dalle nicchie nel retro e conquistano avamposti sul banco vicino alla cassa. Nel 2011 Mondadori lancia Cooks and Books, libreria con annessa scuola di cucina; nel 2012 due perspicaci conduttori radiofonici inventano il primo corso per sommelier alla radio; nel marzo 2012 c'è chi giura di avere letto una rubrica gourmet per cani, cosa che negli Stati Uniti ormai non fa più notizia, ma in Italia, santo cielo.

I cacciatori di tendenze dicono che mangeremo vegano per prevenire il cancro, e che il cibo vegano dimostrerà di poter fare felici anche i gourmet; che il biologico è destinato a crescere, come pure il biodinamico, che negli anni Dieci berremo qualunque vino purché ecologico, sostenibile, equo, solidale, moralmente irreprensibile, decente al gusto, e italiano. Similmente nei distillati prediligeremo vodka e gin purché rari, strani, equi, solidali, eccetera.

Trascorsa la fascinazione per l'alta cucina, torneremo nelle trattorie; c'è chi ipotizza che diventerà di moda allevare la gallina sul balcone, come facevano i primi inurbati negli anni Cinquanta, non per snobberia ma per assuefazione agro-alimentare all'ovetto fresco.

Intanto, sugli scaffali delle merendine, prende posto un'altra tendenza: occupano sempre più spazio le sottomarche che come le galline pascoliane pigolano *un cocco! Ecco ecco un cocco, un cocco per te*, pretendendo di volta in volta di essere impastate con uova fresche di galline ruspanti, con latte alta qualità, eccetera. Quasi scomparsa dagli scaffali la panna a lunga conservazione. Senza più panna, senza più brioche, per cena un panino raffermo condito con Imu, Iva in bilico fra il 21 e il 22 per cento e tassazione al 57 per cento, esposti nei musei della comunicazione governativa gli evasori fiscali ma a quanto pare ancora troppo attuali per la musealizzazione gli sperperatori di denaro pubblico, i corruttori di pubblici ufficiali, i pubblici ufficiali corrotti, gli evasori totali e gli intascatori di tangenti, sarà la volta che il popolo, lungamente anestetizzato da perlage, consistenze e brioche, uscirà per strada a reclamare il pane?

2012. Kokoro Project

È la creatura a lungo portata in grembo da Benedetta Vitali, Jennifer Schwartz e Franca Mocali. Kokoro Project sarà un congresso di cucina al femminile – e prima ancora che un congresso, un'associazione no profit, una community.[2] Lo spiega il nome: Kokoro, che significa «con la mente nel progetto, con il cuore nella dedizione».

Il cuore, proprio così, senza pudore. Queste donne vogliono riappropriarsi di quel che è ancestralmente loro: la cucina. Anni di lotte femministe buttate via? No. Quello che rivendicano Benedetta e le sue compagne di avventura è semplicemente una cucina meno spettacolare, meno illuminata da riflettori e occhi di bue, centrata sul cuore e sulle mani. Quello che la cucina delle donne fa da millenni, senza autocelebrarsi.

L'idea, che vuole creare una rete solidale tra le donne che operano nel settore in tutto il mondo, portandole a Firenze in un congresso, nasce, dicono loro, «dalle mani, dalla mente, e dal cuore». Dalle mani, e cioè «da ciò che costruiamo avvalendoci della freschezza, della genuinità, dell'estro e della tradizione, cucinando»; dalla testa, «perché sappiamo quanto la terra sia generosa e dura»; dal cuore, «perché lo riconosciamo in un sapore». Riusciranno queste donne a creare una rete di solidarietà scevra da esibizioni di potere? In bocca al lupo, ragazze.

---

[2] Ne hanno fatta di strada le desinenze in -y, dai tempi dell'austerity.

Ossessioni prossime future
(si accettano scommesse)

Lasciamo il giornalismo ai giornalisti e rendiamo anticipazioni e vaticinii a Cesare, nella persona dell'astrologo Marco Pesatori il quale rammenta che Saturno, pianeta legato alla crescita individuale, dalla rotazione assai lenta, conclude un ciclo ogni ventinove anni. Sommando Prima e Seconda repubblica, si ottengono poco più di due cicli di Saturno, ovvero due cicli vitali dell'organismo denominato «Repubblica italiana». Nel primo ciclo (1946-1975), spiega l'astrologo, l'organismo vivente trova una sua identità e collocazione; nel secondo ciclo (1976-2005) dovrebbe (il condizionale pare d'obbligo) affinare le sovrastrutture, abbandonando valori e comportamenti non più attuali per affermare comportamenti e valori propri in piena autonomia,[1] e quindi giungere a matura consapevolezza con il terzo ciclo.

Nel 2006 la Repubblica italiana è entrata nel terzo ciclo di Saturno, che dovrebbe compiersi entro il 2035 e dovrebbe essere quello propedeutico all'avanzamento nel futuro, in

---

[1] Per ironia della sorte, sembra che il secondo ciclo corrisponda, per l'organismo «Repubblica italiana», al processo che porterà negli anni Novanta allo scoppio di Tangentopoli, dopo che il primo ciclo aveva stabilito come identità e collocazione la connivenza con la mafia e la strategia del terrore.

quanto dovrebbe preparare le generazioni successive, che rappresentano la sopravvivenza della società.

È la terza fase preparatoria della vita della Repubblica, il che significa che la maggior parte del lavoro sporco è fatta. Intravediamo la fine del tunnel. Ci stiamo liberando del superfluo per riconquistare l'essenziale. Quello che negli anni Cinquanta era costrizione (chilometro zero, per esempio) diventa una consapevole scelta. La cassa integrazione e il prepensionamento ci riportano nella casa dei nonni, dove si scopre la vecchia stia dei conigli, la si ripopola, idem dicasi per il pollaio. Le proteine sono assicurate così. Le vitamine sono meno divertenti di quel che ci ricordavamo dai tempi in cui se ne occupavano i nonni: rischiose e in balia degli agenti atmosferici come ai tempi di Esiodo. Un cespo di sedano cresciuto bene ci sembrerà un successo personale più auspicabile di una promozione sul lavoro. Capiremo cosa vuol dire biologico nel momento in cui gioiremo perché il basilico non è più mangiato dai bruchi (grazie, ramarro). Sarà la volta buona che impareremo finalmente qualcosa, o la storia continuerà a scivolarci addosso senza lasciare traccia?

Una riflessione

> Tenuti in scacco e pasciuti per la morte
> come un branco di maiali siamo,
> tutti da scannare a sorte.
> *Pallada, IV-V sec. d.C.*[1]

Nel primo numero de «La Gola», «mensile del cibo e delle tecniche di vita materiale», ottobre 1982, Emilio Faccioli racconta «La purezza del porco».

L'autore osserva che «quando è vivo, il porco non serve a nulla, non compie lavori che tornino a suo profitto, non si presta a servizi di nessun genere – a eccezione del cercare tartufi – non è disponibile a nessun giuoco, bada soltanto al mangiare impegnandovi ogni sua attività, ogni suo minimo gesto o movimento [...] e quando è morto, al contrario, consente la fruizione totale di se stesso, lasciando agli uomini l'eredità primaria delle sue carni e quella secondaria dei denti, delle setole, dei peli, della vescica, della pelle delle cotiche, del sego, della sugna, del fiele, delle unghie, ciascun suo prodotto a beneficio di chi ne faccia uso per necessità o per diletto».

---

[1] La traduzione è dell'autore. Pallada, erudito poeta bizantino, si riferiva qui alla condizione esistenziale umana, ma questi versi si addicono perfettamente a raccontare realtà diverse, da quella contadina alla politica.

[...] «A ben guardare non c'è che una discordanza apparente fra i due momenti e piuttosto sembra esistere, nel destino del maiale, un filo rosso che congiunge le ragioni del vivere e quelle del morire, qualcosa che sublima la loro interazione e torna a testimoniarci quella purezza per cui l'abbattimento del porco è un atto sacrificale che assicura all'uomo la sopravvivenza in terra.»

Allora, forse, la Repubblica del maiale è come il maiale stesso, forse solo da morta ci lascerà finalmente un'eredità.

Appendice

O Ratio, perché ci hai abbandonati?

A due millenni di distanza, le satire di Orazio ritraggono un mondo sorprendentemente attuale. I suoi personaggi vestono la toga, ma basta immaginarli con il completo d'ordinanza del gourmet del Ventunesimo secolo, in velluto a coste, per percepirne tutta la modernità. Il libero adattamento che segue farà rizzare i capelli ai latinisti, ma potrebbe anche essere letto come una salutare sferzata di presente storico.

Nella quarta satira del secondo libro, Orazio immagina di incontrare per strada un maître-à-penser della panza, un gastro-filosofo generoso di insegnamenti, tale Mister Gourmet. L'autore finge di pendere letteralmente dalle sue labbra, mentre quello gli spalanca un baratro di nuovo sapere da colmare: quello gastronomico, assurto a pari dignità con le più note scuole filosofiche.

Nella mia riscrittura immagino Orazio cronista, preso dalla fregola di pubblicare un articolo sulla nuova figura del maître-à-penser gastronomico.

Me ne vado per i fatti miei quando incappo in Mister Gourmet, che parla da solo senza il cellulare. Al mio sguardo interrogativo si giustifica: «Mi si è rotto il BlackBerry e quindi sto cercando di imparare a memoria i precetti di una nuova scienza, fondata da un pensatore che Rubbia, Piano e Abbado li nominiamo bidelli, al confronto».

Intuisco che Mister Gourmet ha da fare. Ma mica me ne posso andare così, senza uno scoop. Lo imploro: «Maestro! Dammi almeno un'anticipazioncina!».

«L'autore è top-secret perché non l'ho ancora messo sotto contratto e voglio evitare che me lo freghi un altro. Se vuoi posso anticiparti al massimo qualche precetto, qualche in e out».

Annuisco, col registratore già acceso.

«Ricorda sempre di servire in tavola solo uova di forma allungata, perché sono più saporite di quelle rotonde, e contengono un tuorlo maschio.»

E che è, la summa di Paolo Parisi, lo chef che ha ridato dignità alle galline?

Non ho tempo di fare la domanda, che il Mister mi sta già dando una nuova anticipazione. Roba da rifare la prima pagina, invece di annoiare i lettori a suon di processi per frode fiscale.

«Il cavolo, coltivalo su un terreno secco, risulta più dolce; niente invece è più slavato della verdura proveniente da un orto irrigato con troppa abbondanza, che è anche anti-ecologico.»

Ma questo è un genio! Aspetta, aspetta, che sta già di nuovo vaticinando sui polli.

«Se t'arriva un ospite tra capo e collo, e devi spennare una gallina lì per lì, agisci d'astuzia: annegala in una botte di Aglianico o Nero d'Avola e sentirai com'è tenera, quando la cuoci.»

Prendo nota, ma quello ormai infuria, più che anticipazioni mi riversa addosso un trattato.

«Il cinghiale umbro ingrassa mangiando ghiande di leccio che gli conferiscono carne gustosa, mentre quello di Laurento non sa di niente, a furia di rimpinzarsi di erbe palustri e canne secche.»

«Se ti devi mangiare la lepre, il boccone del prete è la spalla, ma solo se è femmina e ha già avuto la prima cucciolata.»

M'inchino al sapere, e lo chiamo maestro.

«L'hai detto. Prima di me, mai nessuno ha capito un accidente di pesce e di selvaggina da piuma, nessuno ha idea dell'età e della stagione in cui la loro carne dà il top.»

Sta per andarsene ma ci ripensa, e mi dispensa l'ultimo segreto di Fatima.

«Ce l'hai la ricetta della salsa composta? Perché è come mangiare le patatine senza la maionese, ma 'ndo vai, se non ce l'hai?»

Mi snocciola la ricetta, cerco di prendere appunti sugli ingredienti, niente da fare, quello è già alla frutta.

«Le mele di Tivoli sono più appariscenti, tu però scegli quelle del Piceno, brutte ma buone. L'uva passita conservala nelle giare, ma se hai raccolto dell'uva di Albano, ti conviene affumicarla.»

Storco il naso.

«E non storcere il naso, perché nella scienza degli abbinamenti, io sono imbattibile. Vuoi un esempio? Te ne do tre. Mai nessuno prima di me ha abbinato uva e mele, tartara e salsa di pesce, pepe bianco col sale nero.»

Cerco di fare due moine, per farmi rivelare il nome del suo autore e maître-à-penser gastronomico, che gli pubblichiamo un ritratto su sei colonne.

Niente da fare. Guardo il mio taccuino, con annotati i precetti della nuova felicità, etimologicamente tutta da ciucciare. Ora mi toccherà risalire alle fonti del nuovo edonismo e lasciar perdere l'inchiesta politica che stavo scrivendo.

Ringraziamenti

Lia Di Trapani, visionaria ostinata e generosa, mi ha messo in testa il pensiero di questo libro. Antonella Gigante mi ha offerto su un vassoio d'argento l'apertura del libro, quando mi ha regalato un saggio sulla Comunità del porcellino. Marco Pesatori con la sua teoria sulla rivoluzione di Saturno mi ha fornito gli ingredienti con cui cucinare la conclusione. Fulvio Pierangelini mi ha raccontato con il suo umorismo noir la nanizzazione del grano e le peregrinazioni della cinta senese. Antonio Paolini ha accettato con *sense of humour* il suo ruolo nella mia vita: enciclopedia vivente delle scienze enogastronomiche. L'ineffabile barman Domenico Maura è il mio informatore sul mondo dei cocktail. Lorena Carrara è stata così gentile da spedirmi un suo lavoro che non sarei riuscita a consultare altrimenti. Academia Barilla, nella persona di Giancarlo Gonizzi, mi ha messo a disposizione la biblioteca facilitandomi le ricerche nonostante il momento fosse quello del terremoto in Emilia. Paola Rancati, mia coautrice in altre iniziative editoriali, mi ha supportata con osservazioni e ricordi. Julia Pérez Lozano, Giovanni Bruni e Oscar Sabini hanno tirato fuori dal cilindro i loro ricettari magici per me.

Katuscia Da Corte, Tonino Pittarelli, Marianna Rizzini e Piero Savio hanno accettato di essere i miei lettori-cavia. Siccome il tempo è la più deperibile fra le risorse umane, li ringrazio per avermene dedicato tanto.

Mi confermo autrice da bar e il mio grazie sentito va a tutti i baristi che mi lasciano scrivere per ore al tavolino senza chiedermi se voglio un altro caffè: fra tutti, Gilda e le ragazze dell'Hungarian Pastry Shop a New York, caffè «*writer friendly*», luogo magico e benedetto per la concentrazione; l'affettuosissima signora Giovanna con tutta la sua famiglia al bar Pentagono di Chiaramonte Gulfi; Barnum Cafè e il Caffè della Libreria del Cinema a Roma, Gogol & Co. e Pavé a Milano, il Café des deux moulins e il Pause Café a Parigi, il café Younes a Beirut, il café La Sirène e il café Lokma sullo sciabordio del Bosforo a Istanbul, sono luoghi dove amo scrivere, e dove ho scritto questo libro.

Ho un debito verso Enrico Deaglio: il suo *Patria 1978-2010* è stato una folgorazione, e mi ha fatto capire dove volevo andare. Altro debito verso gli autori del musical *Lysistrata Jones*, folgorazione in senso inverso che mi ha fatto capire dove *non* volevo andare e dove stavamo andando tutti a finire (mentre la Lisistrata di Aristofane mobilita le donne per la pace tra Sparta e Atene, quella del musical di Broadway organizza la serrata sessuale tra le studentesse dell'Università di Atene per motivare i ragazzi della squadra universitaria a vincere il campionato; come dire, l'apoteosi del pensiero debole). Il saggio di Simona Colarizi, *Storia del Novecento italiano*, mi ha aiutata a capire come e perché, a ben vedere, dagli albori della Repubblica a oggi non ci siamo mossi di un millimetro. *Il paese mancato* di Guido Crainz è stata una lettura formativa per l'abbondanza di dati e la portata della riflessione. *Affari di Stato* di Giorgio Galli e le *Satire* di Orazio sono letture che riprendo spesso, per non dimenticare.

Mentre scrivevo questo libro sono accadute molte cose, alcune belle, altre estremamente dolorose. Grazie alle persone che mi hanno sorretta regalandomi l'allegria per continuare a scrivere, *in primis* la mia imprescindibile «suocerina», Giovanna Giglio.

Chi ha letto *Le cuoche che volevo diventare* sa che ho sempre avuto nel cassetto il sogno di aprire un ristorante. Sono grata a mio marito Antonio Cicero, che si è sobbarcato l'onere aprendo Il Consiglio di Sicilia, un ristorantino *parvum sed aptum nobis* affacciato su una piazzetta che ha per sfondo i paesaggi di Montalbano e il mare di Donnalucata.

Nella stessa collana

Michele Ainis
LA CURA

Simone Perotti
ADESSO BASTA

Emanuela Provera
DENTRO L'OPUS DEI

Dalbert Hallenstein, Carlotta Zavattiero
GIORGIO PERLASCA. UN ITALIANO SCOMODO

Alain Minc
I DIECI GIORNI

Marco Travaglio
AD PERSONAM

Mario Portanova
IL PARTITO DELL'AMORE

Marco Revelli
CONTROCANTO

Dario Bressanini
PANE E BUGIE

Massimo Fini
SENZ'ANIMA

Oliviero Beha
DOPO DI LUI IL DILUVIO

Luigi de Magistris
ASSALTO AL PM

Gianroberto Casaleggio, Beppe Grillo
SIAMO IN GUERRA

Max Otte
FERMATE L'EURODISASTRO!

Vasco Rossi
LA VERSIONE DI VASCO

Claudio Sabelli Fioretti
STELLE BASTARDE

Ermete Realacci
GREEN ITALY

Riccardo Staglianò
OCCUPY WALL STREET

Giulio Cavalli
L'INNOCENZA DI GIULIO

Bruno Tinti
LA RIVOLUZIONE DELLE TASSE

Massimo Fini
LA GUERRA DEMOCRATICA

Simone Perotti, Paolo Ermani
UFFICIO DI SCOLLOCAMENTO

A cura di Elena Valdini – Fondazione Fabrizio De André Onlus
AI BORDI DELL'INFINITO

Fabio Mini
PERCHÉ SIAMO COSÌ IPOCRITI SULLA GUERRA?

Oliviero Beha
IL CULO E LO STIVALE

Gianni Barbacetto
IL CELESTE

Claudio Sabelli Fioretti
L'OROSCOPO BASTARDO 2013

Simone Perotti
DOVE SONO GLI UOMINI?

Ali Ağca
MI AVEVANO PROMESSO IL PARADISO

Dario Fo, Gianroberto Casaleggio, Beppe Grillo
IL GRILLO CANTA SEMPRE AL TRAMONTO

Andrea De Benedetti, Luca Rastello
BINARIO MORTO

Mauro Corona
CONFESSIONI ULTIME

Giuseppe Gulotta (con Nicola Biondo)
ALKAMAR. LA MIA VITA IN CARCERE DA INNOCENTE

Andrea Camilleri
COME LA PENSO

Dario Bressanini
LE BUGIE NEL CARRELLO

don Andrea Gallo
IN CAMMINO CON FRANCESCO

Luigi Bisignani, Paolo Madron
L'UOMO CHE SUSSURRA AI POTENTI

Walter Passerini, Mario Vavassori
SENZA SOLDI

Giuseppe Salvaggiulo
IL PEGGIORE

Giuseppe Ciulla
UN'ESTATE IN GRECIA

Stefano Di Polito, Alberto Robiati, Raphael Rossi
C'È CHI DICE NO

Sandra Bonsanti
IL GIOCO GRANDE DEL POTERE

Luigi Zoja
UTOPIE MINIMALISTE

Franca Rame
IN FUGA DAL SENATO

Daniel Tarozzi
IO FACCIO COSÌ

Paolo Nori
MO MAMA

Claudio Sabelli Fioretti, Giorgio Lauro
UN GIORNO DA PECORA

chiarelettere
ONLINE

Segui Chiarelettere, gli autori e i loro libri
tramite il sito della casa editrice, la comunità
degli autori Cadoinpiedi.it e i nostri social media.

SCOPRIRAI CHE LA VITA DI QUESTO LIBRO CONTINUA IN RETE

Visita il sito della casa editrice **WWW.CHIARELETTERE.IT** per:

- **/ scrivere la tua recensione del libro**
- **/ fare una domanda all'autore su un argomento che vuoi approfondire**
- **/ iscriverti alla newsletter per ricevere in anteprima il primo capitolo delle nuove uscite**
- **/ seguire l'autore iscrivendoti alla sua mailing list**
- **/ consultare l'agenda degli incontri con i nostri autori**

Cado in piedi

Leggi i contributi dei nostri autori anche su **WWW.CADOINPIEDI.IT** per farti
un'opinione ragionata andando oltre la cronaca di tutti i giorni.

WWW.YOUTUBE.COM/CHIARELETTERE
Guarda il trailer del libro e le interviste all'autore.

WWW.FACEBOOK.COM/CHIARELETTERE
Discuti di un libro con la comunità dei lettori.

TWITTER.COM/CHIARELETTERE
Resta aggiornato in tempo reale sulle novità della casa editrice.

Finito di stampare
nel novembre 2013 presso
Rotolito Lombarda Spa - Seggiano di Pioltello (Milano)